Méditations Quotidiennes sur la Voie Toltèque

Don Miguel Ruiz Jr.

Méditations Quotidiennes sur la Voie Toltèque

Guy Trédaniel éditeur
19, rue Saint-Séverin
75005 Paris

Du même auteur

Les Cinq Niveaux d'attachement, Guy Trédaniel Éditeur, 2014.

Note : les études de cas présentes dans ce livre s'appuient sur plusieurs années de travail clinique. Elles sont fidèles à l'esprit des enseignements et traitements donnés, bien que n'étant l'expérience de personne en particulier.

Traduit de l'anglais par Olivier Clerc

ISBN : 978-2-8132-0749-4
www.editions-tredaniel.com
info@guytredaniel.fr

Je dédie ce livre à tous ceux que j'aime.

Introduction

Vous savez que vous êtes amoureux
lorsque vous ne parvenez pas à vous endormir,
parce que la réalité est enfin plus belle que vos rêves.

— Dr Seuss

Je crois que le travail intérieur doit nous permettre de jouir pleinement de la vie. Pour moi, cela veut dire parvenir à m'accepter inconditionnellement comme je suis. Quand la vie s'écoule sans effort, l'amour inconditionnel que j'éprouve pour moi-même me permet de profiter de chaque instant de la vie dans l'abondance. Et quand la vie devient difficile, je ne me contente pas de survivre aux épreuves ; j'accueille les hauts et les bas de mon chemin de vie avec un amour inconditionnel pour moi et pour ceux qui m'entourent, en gardant à l'esprit que je ne suis véritablement en vie que dans l'instant présent. Du moment que la vie est là, tout est possible.

La vérité, c'est le moment où l'amour inconditionnel fleurit dans notre cœur. L'expression «Je suis digne de mon propre amour, malgré cette épreuve» est la graine qui sème la lumière dans les recoins les plus sombres de notre existence. C'est donc notre relation consciente à nous-mêmes qui nous permet de décider ce qui est vrai pour nous à chaque instant.

Le présent – là, maintenant – est la seule occasion dont nous disposions pour changer quelque chose. Le passé n'existe plus. Ce sont les décisions et les choix que nous avons faits qui nous ont conduits jusqu'ici, et on ne peut plus les changer. On peut toujours multiplier les «si seulement», les «j'aurais pu» et «j'aurais dû», cela n'y changera rien. De manière analogue, le futur n'existe pas non plus. Les conséquences de ce que nous faisons aujourd'hui ne se manifesteront pas tout de suite, ce qui signifie que notre avenir est grand ouvert: tout peut arriver. La seule chose qu'on puisse contrôler, c'est cet instant précis – là, maintenant – où les choix que nous faisons et les décisions que nous prenons ont un impact sur notre présent.

Posez-vous les questions suivantes: «Ces choix et ces décisions-là, est-ce que je les fais et les prends en conscience ? Est-ce que je m'accepte sans condition dans l'instant présent ? Est-ce moi qui contrôle mes oui et mes non ? Entrevois-je les conséquences possibles des choix que je fais ? Si mes décisions sont automatiques, ai-je seulement conscience que je peux choisir entre une illusion que je projette et la vérité qui se présente en un instant de clarté ? »

Dans le roman *L'ingénieux Hidalgo : Don Quichotte de la Manche* de Michel de Cervantès, Don Quichotte – qui ne cesse de s'auto-illusionner – a un moment de clarté lorsqu'il voit plusieurs moulins au loin tels qu'ils sont vraiment, c'est-à-dire non pas *des géants animés de mauvaises intentions*, mais simplement des moulins. Mais, comme il préfère ses illusions à la vérité, Don Quichotte se concocte une histoire qui lui permet de continuer de justifier sa croyance aux mirages.

Ce choix entre la vérité et l'illusion ne se présente pas seulement dans les romans. Nous y sommes confrontés à chaque instant de notre vie. Dans nos moments de clarté, chacun d'entre nous exprime *consciemment* ses choix. On peut faire celui de continuer de croire aux géants, ou de voir les moulins tels qu'ils vont vraiment.

Si l'on décide de préférer l'illusion à la vérité, on perd de vue son *Moi authentique*. Cette illusion fait en effet office de filtre et influence toutes les informations que nous percevons : ainsi, les décisions que nous prenons et les actes que nous posons ne reflètent pas forcément notre vérité. En revanche, si nous avons conscience de notre vérité et que nous l'honorons, nos choix le refléteront aussi. À ce moment-là, si nous sommes prêts à accepter la vérité, nous avons l'occasion d'atteindre l'amour inconditionnel. Nous savons alors que notre vie a plus de valeur qu'une idée.

Il faut du courage pour choisir de voir les choses telles qu'elles sont, et non telles que nous voudrions qu'elles soient. Cela implique de mettre de côté son ego, ses jugements et ses préférences, et d'accepter la réalité telle qu'elle est. Le choix qu'il nous faut faire entre l'illusion et la vérité est le même qu'entre l'amour conditionnel et l'amour inconditionnel. À bien des égards, l'amour conditionnel est facile à donner. Les conditions que nous lui posons nous permettent de nous impliquer ou de nous désengager à notre guise ; mais au final, cet amour-là n'est pas vrai. En revanche, l'amour inconditionnel, s'il est plus exigeant, est en définitive Vrai avec un grand « V ».

Ce qui est en jeu, c'est de se rejeter ou de s'accepter. Si nous voyons des géants et non des moulins, alors, comme Don Quichotte, nous avons choisi les illusions. Le maintien de ces illusions règne donc en maître, au détriment de notre Moi et de la vérité. Par contre, si nous décidons de voir les moulins, nous acceptons la vérité sans condition. C'est un choix à faire à *chaque* instant de notre vie.

Lorsque nous voyons la perfection à travers les yeux de notre juge intérieur, qui nous incite constamment à adhérer à telle idéologie ou tel système de croyances, cette perfection est conditionnelle et se fonde sur des illusions. C'est à coups d'*accords* que nous créons et maintenons ces illusions, c'est-à-dire en disant oui à certaines idées et non à d'autres. Par exemple, je conclus un accord chaque fois que je dis quelque chose du genre : «Je serai heureux quand j'aurai perdu un peu de poids / quand j'aurai une relation amoureuse parfaite / quand j'aurai tant d'argent sur mon compte en banque» et ainsi de suite. Avec de tels accords, nous mettons notre idée de la perfection sur un piédestal, sans voir que ce n'est qu'une illusion.

Une fois que nous nous sommes forgé cette vision imaginaire de ce que nous devrions être, nous nous jugeons, faute d'être capables de la vivre. Nous regardons notre reflet dans la glace et nous nous accablons de reproches à cause de nos défauts. Puis nous faisons de même avec notre entourage. Nous nous punissons pour nous motiver à être parfaits, puisque c'est cela que notre domestication nous a appris. L'espoir de réussir à nous accepter nous fait tenter de nous montrer à la hauteur de nos propres attentes.

La domestication – ce système de récompenses et de punitions – fonctionne ainsi : chaque fois que vous faites quelque chose « comme il faut », vous en êtes récompensé, ce qui vous rend heureux. En revanche, vous êtes puni chaque fois que vous ne faites pas les choses comme il faut. S'il existe des différences dans la *manière* dont chacun de nous a été domestiqué, selon notre famille et notre culture, le résultat est le même : nous nous jugeons et nous n'avons pour nous-mêmes qu'un amour conditionnel.

Imaginons par exemple qu'on vous ait dit, enfant, qu'il était « mal » de ne pas finir votre assiette, voire que c'était « pécher ». Devenu adulte, si vous ne terminez pas votre assiette, votre voix intérieure qui vous juge reviendra en force et vous vous forcerez à tout finir pour éviter la culpabilité, et non pour satisfaire votre faim réelle. Il n'y a personne à incriminer pour cela ; telle est simplement la situation actuelle de l'humanité, qui prévaut depuis des générations. L'objectif, c'est de s'en libérer par la conscientisation.

La perfection, vue avec les yeux de l'amour inconditionnel, c'est prendre conscience que la seule vérité est cet instant précis, là, maintenant. Tout ce qui existe en ce moment est parfait, du seul fait que cela existe et parce que c'est vivant. La vie est un chef-d'œuvre qui ne cesse de se transformer et d'évoluer. Par conséquent, ce qui est vrai actuellement peut et va vraisemblablement changer. Si c'est quelque chose de négatif, nous avons la capacité de le transformer, si nous le souhaitons, même si notre acceptation de nous-mêmes n'en dépend nullement. Lorsqu'on s'accepte sans condition, cela veut dire qu'on accepte ses qualités comme ses « défauts » : tout est valable et parfait.

Quel rapport y a-t-il entre la perfection et vivre en conscience ? Quand on manifeste sa propre vie, on a le choix de la voir comme un chef-d'œuvre en évolution constante ou comme une construction imparfaite qui doit être réparée et façonnée jusqu'à satisfaire notre *idée* de ce qu'est la perfection. Quand on vit en conscience, on constate que la perfection est déjà là. Il n'y a rien d'imparfait. Vivre en plénitude consiste donc simplement à continuer de faire ce que nous aimons faire, à améliorer nos compétences et à développer nos capacités. On n'agit pas ainsi parce qu'on cherche la perfection, mais parce que cette dernière s'exprime par le fait même d'être en vie. C'est la pratique qui permet d'atteindre la maîtrise. Notre vie ne cesse de s'améliorer, non pas parce qu'elle est « censée » le faire, mais grâce à la passion et à l'amour inconditionnel qui nous animent.

Aussi longtemps que nous sommes régis par nos visions erronées de la perfection – autrement dit, tant que nous ne vivons pas en conscience –, notre capacité à choisir entre oui ou non est compromise. À chaque oui que nous exprimons, nous créons et manifestons quelque chose. Et à chaque non, telle autre chose ne se manifestera pas. C'est ainsi que nous contrôlons notre intention, cette force, cette énergie qui anime la vie. Je suis la force qui anime ce corps ; cette force est moi. Je *suis* l'intention. Et il en va de même pour vous.

On apprend à vivre en conscience en sachant comment utiliser cette force et cette énergie, comment manifester ou *ne pas* manifester les choses, et en se demandant si l'on va mettre de l'amour conditionnel ou inconditionnel dans cette manifestation.

Imaginez un tout-petit qui apprend à marcher. Il veut le faire juste pour le plaisir de marcher et il manifeste son intention à chacune de ses tentatives. Lorsqu'il tombe, peut-être pleure-t-il, mais même en pleurant il n'en continue pas moins de faire de son mieux pour se relever. Parfois, il lui arrive même de rire en tombant. Cet enfant ne se juge pas sous prétexte qu'il a « échoué ». Il se relève et manifeste à nouveau la même intention. Et il finit par réussir. Cela vient du fait que son désir, son intention, possède ce degré de puissance-là. À ce jeune âge, nos désirs sont totalement les nôtres : ils ne découlent que de ce que nous *voulons* faire.

Qu'adviendrait-il si cet enfant devait se juger, du fait de sa domestication ? Il pourrait totalement arrêter d'essayer de marcher, ou alors sa motivation ne serait plus sincère : « Je vais apprendre à marcher pour que personne n'ait une mauvaise opinion de moi, ni ne me rejette. » Nous sommes nombreux à faire de la peur du rejet notre motivation à aller au-delà de notre zone de confort. Toutefois, en agissant de la sorte, nous ne manifestons peut-être pas vraiment la vie que nous désirons.

Manifester les choses avec un amour inconditionnel, c'est accepter cette force de vie que nous sommes. L'amour inconditionnel va au-delà de l'acceptation de toute croyance. C'est l'acceptation de notre capacité à cultiver des croyances positives et négatives. C'est une acceptation globale. Chacun de nous peut aussi bien faire des choses positives que négatives (et souvent, quand la situation se complique, les choses ne sont plus bonnes ou mauvaises à cent pour cent, et le moindre ajustement doit se faire avec doigté). Accepter la totalité de la vie, c'est accepter le Moi authentique : moi, vous.

Nous avons le choix. Oui, nous pouvons accepter le négatif en nous ; mais nous pouvons aussi décider de faire des choix positifs qui nous font du bien. Notre libre arbitre nous permet d'exprimer ce que nous préférons dans la vie. Par exemple, mettons que lors d'un instant de clarté, nous ayons pris conscience que nous pensions jusque-là qu'il était acceptable de juger tout le monde. Nous constatons que cette croyance s'appuyait sur l'illusion que nous étions dans notre bon droit. Mais dans ce moment de clarté, nous nous disons : « Je ne veux plus juger quiconque désormais. » En repensant au passé, nous voyons toutes les fois où nous avons jugé quelqu'un, et nous prenons conscience que nous ne pouvons pas effacer cela. Mais en revanche nous pouvons nous pardonner, maintenant, et nous pouvons aussi demander pardon aux autres lorsque c'est opportun, puisque nous avons vraiment changé d'état d'esprit durant ce moment de clarté.

Toutefois, si nous avons cultivé la même croyance durant des années – dans le cas présent, le jugement de soi –, celle-ci est pratiquement devenue un automatisme. Adopter un nouveau point de vue plus positif peut donc se révéler relativement peu facile. Si nous voulons atteindre ce changement au niveau du cœur et développer une nouvelle habitude, nous devons prendre conscience du moment où nous donnons vie à un jugement et être à l'affût de ce qui le déclenche. En développant ainsi notre attention et en apprenant à nous connaître en profondeur, nous acquérons progressivement la maîtrise de l'attention (ou de la conscience) qui, d'après la culture toltèque, nous fait passer de l'état de victime à celui de chasseur, et finalement de guerrier.

La mentalité de victime, c'est celle où notre volonté est subjuguée par notre attachement à la domestication ; c'est une croyance. C'est seulement en prenant conscience de cet assujettissement que, dans cet instant de clarté, nous pouvons faire le choix de changer les choses. Et la meilleure façon de les changer, c'est d'accepter la vérité. Dans le cas du jugement, il nous faut accepter que nous nous étions domestiqués à nous croire dans notre bon droit, ce qui est une illusion.

Ensuite, on devient un chasseur. Le chasseur est à l'affût de toutes les occasions de s'entraîner à changer de point de vue. On peut notamment y parvenir en cultivant l'attention et en se rappelant le cinquième accord toltèque: «Soyez sceptique, mais apprenez à écouter.» Le scepticisme, c'est consciemment retenir nos oui et nos non pour ne pas prendre de décisions automatiques. Ça nous donne ainsi l'occasion d'écouter et de percevoir la vie telle qu'elle est vraiment.

Le scepticisme, c'est ce qui nous permet de détecter les moments où quelque chose nous pousse à réagir automatiquement, sans conscience. On se demande alors: «Qu'y a-t-il dans cette situation qui me fait perdre la conscience et m'empêche de manifester mon libre arbitre?» À ce moment-là, on réalise que ces situations peuvent se présenter à tout moment, à chaque instant, à l'école, au travail, en écoutant un débat politique ou simplement en prêtant l'oreille à la conversation d'autrui. Dans ces situations-là, un jugement se forme en nous sur la base de notre attachement à nos croyances.

Sitôt que nous sommes capables d'identifier les moments où nos vieilles habitudes et nos vieux accords tentent de fausser notre vision, le guerrier s'éveille en nous. Il vient au monde dès que nous déclarons la «guerre pour l'indépendance». Lorsque nous serons enfin libérés de nos décisions automatiques, nous pourrons exprimer notre libre arbitre en agissant en pleine conscience.

La clé de tout changement durable, c'est l'amour inconditionnel envers soi-même. Par exemple, si l'on veut conclure l'accord de ne plus juger, on a deux choix. Le premier consiste à se domestiquer à ne plus juger. En d'autres termes, on affirme que la perfection consiste à *ne pas* émettre de jugements. Alors, chaque fois que nous nous surprenons à juger, nous nous jugeons du même coup, faute d'atteindre la perfection à laquelle nous aspirons ! Ce système de punition et de récompense ne fait que remplacer un programme par un autre. On a réussi le tour de force de transformer ces outils toltèques en une autre forme de domestication !

Le deuxième choix, c'est l'acceptation. En voyant les choses avec les yeux de l'amour inconditionnel, nous acceptons le fait que nous jugeons. Cette acceptation libère en nous toute l'énergie consacrée à prétendre être ce que nous ne sommes pas. Ainsi nous commençons à devenir plus conscients, en développant notre attention. Alors, lorsque nous identifions un facteur déclencheur qui nous pousse à juger, nous avons la possibilité de faire un choix. Nous nous demandons en conscience : « Est-ce que je fais le choix de juger, ici, ou plutôt de ne *pas* émettre de jugement ? » Si nous en faisons un, c'est parce que nous le voulons bien. Et si nous n'en faisons pas, c'est parce que nous ne le voulons pas. Nous avons alors là une expression véritable de ce que nous voulons.

Quand on vit en conscience, on réalise qu'on a toujours le choix. C'est bien nous qui contrôlons nos oui et nos non. L'enjeu n'est pas de savoir si nous allons nous accepter, parce que nous aurons pris la *bonne* décision. Au contraire, puisque nous nous acceptons déjà avec un amour inconditionnel. Notre décision s'appuie clairement sur ce que nous voulons, ainsi que l'exprime notre oui ou notre non. À ce moment-là, un vieux schéma se brise, et si nous disons non au jugement, nous avons du même coup changé l'orientation de notre intention.

Si nous nous nommons *guerriers*, dans la tradition toltèque, ce n'est pas seulement parce que nous sommes en guerre, mais parce que les guerriers ont développé une discipline de la conscience, dont la pratique finira par en faire des maîtres. Comment s'entraîne-t-on ? En prenant conscience de nos déclencheurs et, le moment venu, en faisant un choix qui reflète nos vrais désirs dans la vie.

Les quatre accords toltèques formulés par mon père, Don Miguel Ruiz, sont :

1. *Que votre parole soit impeccable.*
2. *Quoi qu'il arrive, n'en faites pas une affaire personnelle.*
3. *Ne faites pas de suppositions.*
4. *Faites toujours de votre mieux.*

Mon frère Don José Ruiz y a ajouté un cinquième accord, par la suite, que j'ai déjà cité :

5. *Soyez sceptique, mais apprenez à écouter.*

Prenons le deuxième accord, *Quoi qu'il en arrive, n'en faites pas une affaire personnelle*, à titre d'exemple. Quand une personne que j'aime me dit quelque chose, j'identifie le moment où je le prends personnellement. J'accepte ma tendance à en faire une affaire personnelle. Je sais quels sentiments cela déclenche en moi, et j'ai déjà fait le choix de m'accepter tel que je suis. Je choisis d'utiliser cet accord pour initier un changement en moi. Le moment vient et je le reconnais. Ça va arriver. Ça y est.

J'ai le choix : je peux en faire une affaire personnelle ou pas.

Si je regarde les choses avec les yeux du juge, mon choix ressemble à ceci : « Je veux bien appliquer les cinq accords toltèques, alors je ne vais pas prendre les choses personnellement, d'autant que je suis le fils de Miguel Ruiz et le frère de José Ruiz. » Si je réussis, je pourrai m'accepter. Et si j'échoue, je me jugerai, faute d'avoir été à la hauteur du nom de Miguel Ruiz Jr. que je porte. Mais même si je réussis, ma motivation aura juste été de réussir à m'accepter. Il y avait une condition derrière mon choix.

En revanche, si je fais le même choix à partir de l'amour inconditionnel que j'éprouve tant pour moi que pour mes proches, je choisis simplement de ne pas faire une affaire personnelle de ce qui m'a été dit, sans attendre de récompense ni de gain, juste pour exprimer mon véritable désir. Je m'aime déjà. Je suis libre de dire : « Oui, je vais en faire une affaire personnelle » ou « Non, je ne le prendrai pas personnellement ». Mon accord n'est donc plus une condition, c'est véritablement l'instrument qui me permet de me rappeler que je vais faire appel à mon intention. Je mérite mon propre amour, peu importe qui sont les membres de ma famille.

Au final, vivre en conscience se résume à la perfection et à l'amour inconditionnel. Il s'agit de réaliser qu'on a le choix, à chaque instant de notre vie. On peut choisir de voir le monde avec les yeux du juge, dont la motivation est l'amour au conditionnel. Dans ce cas, on élabore toute une hiérarchie à multiples niveaux, sur le thème : « Je vaux mieux que toi et tu es pire que moi ». Ou nous pouvons faire le choix de porter sur le monde le regard de l'amour inconditionnel. Dans ce cas, il n'y a pas de hiérarchie. Chacun vit sa vie en exprimant ce qu'il a d'unique, c'est-à-dire sa façon de dire oui ou non, peu importe qu'il en ait ou non conscience. La vie est parfaite, parce qu'elle représente la vérité telle qu'elle existe en cet instant. Telle est sa vie.

On peut toujours choisir. Il me suffit d'un seul choix pour changer les choses. Si j'aime la façon dont se passe tel événement, je peux continuer de le faire. Et si je n'aime pas ça, je peux en changer. Et pas parce que je *dois* le faire, mais parce que je le *veux*.

L'important, c'est votre choix : choisissez-vous de vivre en conscience ? Est-ce que vous voyez des moulins, ou leur préférez-vous l'illusion de voir des géants ? Lorsque l'illusion prend fin, la déception est énorme. Toute perte fait souffrir, mais de quoi fait-on au juste le deuil ? Par exemple, si l'on perd un être cher, allons-nous regretter cette personne telle qu'elle était, ou regretterons-nous plutôt l'illusion que nous projetions sur elle et le sens que cela nous procurait ?

Vivre en conscience exige du travail, et c'est pour cela que nous nous qualifions de « guerriers » dans la tradition toltèque. La discipline qu'exige le chemin vers la maîtrise requiert une pratique constante. Progressivement toutefois, il s'avère plus facile de maintenir cette discipline. En tant que guerrier, chaque instant représente une opportunité de choisir d'être conscient. Les choix que nous faisons à tout moment se fondent sur la vérité, car nous l'observons à chaque instant. La maîtrise, c'est avoir conscience que nous sommes en vie et que nous sommes libres de faire des choix qui façonnent notre existence.

La seule façon pour ces connaissances de prendre vie, c'est de les mettre en pratique. Vous n'apprendrez jamais à cuisiner et à goûter de nouveaux aliments si vous ne délaissez pas votre livre de cuisine pour vous mettre aux fourneaux. Il en va de même avec tout livre porteur de connaissances, en particulier les livres sacrés du monde entier. Si vous vous contentez de les lire, ce ne sont que des mots écrits sur une page. Leur saveur et leur sens ne prendront vie qu'à partir du moment où vous mettrez ces paroles en pratique. C'est là qu'une leçon devient vivante, quand elle devient vraie pour vous à ce moment précis, parce que vous en avez fait l'expérience dans votre vie à vous.

Voilà la finalité des méditations quotidiennes contenues dans ce livre : vous aider à mettre en pratique et à vivre cette transformation par vous-même. Je vous demande de ne faire qu'une seule méditation par jour ; accordez-vous le temps de réfléchir à chaque passage et de passer à la pratique correspondante. Si vous en faites plus qu'une par jour, vous allez juste en réduire l'efficacité.

En un mot, vivre en conscience signifie faire des choix sensés à chaque instant de notre existence. On peut choisir de vivre en portant sur le monde le regard de l'amour conditionnel ou celui de l'amour inconditionnel. C'est en faisant ce second choix que vous ferez de votre vie un chef-d'œuvre en évolution constante.

Voilà le vœu que je forme pour vous.

Méditations

Se libérer de la perfection

Mon père m'a dit: « Miguel, quand tu auras compris que tu es parfait comme tu es, tu verras que tout est parfait tel quel. »

Mais il n'est pas facile de se réveiller un beau matin et de se dire qu'on est parfait et d'y croire vraiment. Un changement de perspective aussi radical nécessite d'en avoir le désir et de s'y engager. Vous commencez d'abord par vous libérer de toutes vos idées fausses sur ce qu'est la perfection: vous lâchez prise de votre attachement à ce que vous croyez que signifie être parfait, et vous arrêtez de vous juger parce que vous n'êtes pas à la hauteur de vos propres attentes, afin de vous accepter tel que vous êtes en cet instant. Pour commencer, vous devez apprendre à vous aimer et à remercier chaque jour d'être en vie.

Exercice

Interrompez ce que vous faites là, maintenant, et prenez un moment pour vous honorer et vous aimer. Vous êtes parfait(e) comme vous êtes, puisque vous êtes en vie en cet instant.

Apaiser le mental

Dans la tradition toltèque, on trouve le concept du *mitote*, qui représente ces milliers de voix que nous avons dans la tête et qui tentent de capter notre attention.

Certains de nos narrateurs intérieurs parlent le langage de la distorsion, d'autres, celui de la vérité. Ceux qui parlent le plus fort se manifestent généralement sous la forme d'un attachement. C'est notre raison qui nous permet de les différencier, mais si nous avons un attachement, nous pouvons avoir du mal à opérer cette distinction entre vérité et distorsion. Selon les narrateurs auxquels nous sommes attachés, nous percevons le monde à travers leur discours et nous nous forgeons alors un univers à leur image.

En étant conscients, nous réalisons qu'il existe un profond silence derrière toutes ces voix, dans cet espace entre les pensées. L'un des moyens permettant d'apaiser le mental consiste à écouter ce silence. Si nous regardons nos yeux dans le miroir, nous voyons ce qu'il y a au-delà ; nous discernons la vérité.

Rien ne sert de courir après l'amour, car nous sommes l'amour. Baissez le volume de vos narrateurs internes – la voix de la connaissance – et impliquez-vous simplement dans le présent. Libérez-vous de votre attachement à ce que vous vous attendez à voir, afin de pouvoir voir au-delà. À ce stade, la véritable image de l'amour vous apparaîtra.

Exercice

Consacrez les prochains instants à apaiser votre mental en écoutant le silence au plus profond de vous. Lorsque le mental sera calme, voyez les autres et vous-même comme étant pur amour.

Choisissez le bonheur aujourd'hui

Vous avez probablement entendu dire que ce qui compte dans la vie, c'est le chemin, pas la destination. Pourtant, nous sommes nombreux à attendre le moment où nous aurons atteint tel but ou tel statut social, afin de pouvoir pleinement profiter de la vie. On se dit des choses du genre : «Je serai heureux *quand* j'aurai ce poste / *quand* j'aurai accumulé tant d'argent / *quand* j'aurai noué telle relation.»

Il n'y a rien de mal à vouloir réaliser certaines choses ou atteindre certains buts, mais si notre bonheur dépend du moment où nous atteignons tel point, notre vie n'est plus qu'une succession d'objectifs à atteindre, dont chacun échoue à nous offrir le bonheur dont nous rêvons. Vivre de la sorte, c'est rater toute la beauté du parcours, celle qui est là, juste maintenant.

On ne peut trouver le bonheur que dans l'instant présent, et non dans tel lieu imaginaire dans le futur.

Exercice

En conscience, observez les moments où vous vous attachez à l'idée que le bonheur se trouve dans le futur. Quand cela arrive, dites-vous : « Je n'attendrai pas que le bonheur arrive. Je fais le choix d'être heureux maintenant. »

La pratique du non-attachement

Dans les milieux spirituels, on dit souvent : « Ne vous attachez pas aux choses. » Mais en réalité, on est souvent attaché à l'*idée* de telle chose, plus qu'à la chose elle-même. Nous croyons de manière obsessionnelle qu'il faut acquérir ceci ou cela pour être enfin dans la plénitude.

Chaque fois que vous vous surprenez à dire : «J'ai besoin de ceci» ou «j'ai besoin de cela», vous savez que vous vous êtes attaché à une idée. Vous avez fait dépendre votre bonheur et votre amour-propre (soumis à condition) de l'acquisition de telle chose.

Exercice

En conscience aujourd'hui, rappelez-vous que vous n'avez besoin de rien d'extérieur pour être dans la plénitude. Vous êtes déjà dans la plénitude et la perfection, tel que vous êtes en cet instant.

ACCEPTEZ-VOUS COMME VOUS ÊTES

La société dit que pour être quelqu'un, dans le monde, vous devez être allé dans la bonne école, avoir décroché le bon job, acheté la bonne voiture, vivre dans le bon quartier, et ainsi de suite. C'est la seule façon d'être accepté ; c'est la seule manière dont vous pouvez devenir quelqu'un.

Ce qui voudrait dire qu'en ce moment, vous n'êtes personne. Rien n'est plus éloigné de la vérité. Toute la puissance de l'univers réside dans votre être. Vous êtes fait de lumière et d'étoiles. Vous n'avez rien à faire pour cela, rien à acquérir : vous êtes déjà parfait, exactement comme vous êtes.

Exercice

Aujourd'hui, en conscience, prenez note de chaque fois où vous cherchez votre plénitude *via* quelque chose d'extérieur. Quand cela arrive, rappelez-vous en douceur qu'il n'y a rien d'extérieur qui puisse vous combler, puisque vous êtes déjà dans la plénitude. À ce moment-là, dites-vous simplement : « Je t'aime. »

Le Moi authentique

Le Moi authentique est un terme qui décrit l'être vivant qui est en mesure de s'impliquer dans la vie. Notre Moi authentique est toujours avec nous : c'est juste que nous avons des filtres qui nous empêchent parfois d'en avoir conscience.

Exercice

En conscience, rappelez-vous aujourd'hui que votre Moi authentique est l'être vivant qui anime votre corps, qui vous permet de percevoir et de projeter la vie, et qui interagit avec le Rêve de la Planète. C'est l'énergie même qui vous meut. C'est un potentiel pur et illimité. Vous êtes le Moi authentique.

Le Rêve de la Planète commence par vous

Dans la tradition toltèque, nous avons les concepts de Rêve Personnel et de Rêve de la Planète.

Le Rêve Personnel correspond à la manière dont vous voyez le monde et à la façon dont vous le projetez à votre tour. C'est donc votre point de vue. Vous êtes responsable à cent pour cent de votre Rêve Personnel.

Le Rêve de la Planète est la relation qui existe entre deux Rêves Personnels ou davantage. Par exemple, si vous et moi nous trouvions dans le même lieu, et si de l'extrémité de votre index vous touchiez le mien, je dirais que 50 % de la relation s'achève à ce point de contact. Je suis responsable de mon corps jusqu'à l'extrémité de mes doigts – totalement responsable même –, de même que vous êtes responsable du vôtre, jusqu'au bout de vos doigts à vous. Quand nous nous rencontrons, nous vivons une synergie et chacun de nous apporte la contribution de son Rêve Personnel au Rêve de la Planète. Au final, le Rêve Personnel est le plus important, pour deux raisons : c'est là que tout commence, d'une part, et c'est le rêve que vous pouvez contrôler, d'autre part.

Exercice

Rappelez-vous que si vous voulez changer le monde, la première étape consiste à vous *accepter comme vous êtes en cet instant*, puis à changer, grâce à la liberté que vous offre la vie, si vous le désirez. La conscience, c'est-à-dire le fait d'être en communion avec cet instant et avec l'environnement présent, en est la clé.

Vivez votre vie comme une œuvre d'art

Le mot « toltèque », qui vient du nahuatl, signifie « artiste » en français, et la vie est le canevas qui accueille l'art toltèque. J'ai conscience que la connaissance est l'instrument grâce auquel je peux entrer en interaction avec le monde, et que mes oui et mes non sont les burins ou les pinceaux qui me permettent de créer. C'est par choix que je m'implique dans la tradition toltèque, en étant pleinement conscient que le nom « toltèque » se réfère à un acte ou à un accord appartenant à une certaine philosophie.

Si je ne me qualifiais pas de toltèque, cela n'amoindrirait pas mes accords ni les leçons que je tire de cette tradition orale. Ce qui veut dire que mes accords ne sont pas soumis à une identité. Je suis libre d'être d'accord ou non, d'examiner les choses et de m'impliquer dans la philosophie toltèque – ou n'importe quelle autre – au degré où je le souhaite. Je suis libre de nouer des relations avec des gens qui préfèrent une autre tradition ou une autre philosophie.

Cela vaut pour chacune de mes croyances : je m'y implique aussi longtemps que je le veux, en sachant pertinemment que je suis un être vivant, doté du plein potentiel de goûter à la vie avec ou sans cet accord. C'est cela qui confère toute leur puissance à mes accords ; je les conclus parce que je le veux bien. Tel est mon art et tel est mon accord : je m'autorise à découvrir la vie avec amour, sous sa vérité éternellement changeante.

Exercice

Aujourd'hui, rappelez-vous que vos croyances n'existent que parce que vous existez, vous. Par conséquent, aucune croyance n'est plus grande ni plus importante que vous. Et il en va de même pour chaque être humain.

L'IDENTITÉ

Dans le Rêve de la Planète, tout le monde adopte un nom et une identité qui correspond à ce nom.

Votre identité peut se fonder sur la couleur de votre peau, la nationalité de votre famille, la religion que vous pratiquez, le travail que vous faites ou encore les activités et hobbies auxquels vous vous adonnez. De la sorte, votre nom et votre identité vous donnent un but, un sentiment d'appartenance. Ce sont des symboles, des outils utiles pour communiquer les uns avec les autres.

Mais veillez à ne jamais confondre l'une ou l'autre des identités que vous avez adoptées avec qui vous êtes véritablement. Ces identités-là sont simplement des symboles avec lesquels vous jouez et qui vous permettent de participer à notre Rêve de la Planète collectif. Vous perdez conscience sitôt que vous confondez ces identités avec ce que vous êtes vraiment : la conséquence en est la souffrance, puisque cela entraîne une domestication fondée sur ces symboles.

Exercice

Songez aux personnes que vous connaissez et aux identités qu'elles assument ou que vous leur avez attribuées. Quelles identités vous êtes-vous forgées? Comment les affichez-vous dans le monde? En conscience, aujourd'hui, rappelez-vous que peu importe l'identité que vous adoptez, elle n'est pas vraiment vous. Ce que vous êtes est bien plus grand que n'importe quelle identité ou n'importe quel rôle. Tel rôle spécifique peut mourir ou se dissoudre, mais vous demeurerez.

La peur et l'attachement

Je sais que dès que la peur de changer me saisit, cela veut dire que je me suis attaché à quelque chose d'extérieur. Quand les choses changent, le monde que je connais peut disparaître, ce qui me force à pénétrer dans l'obscurité de l'ignorance.

Mais le changement est inévitable et il ne cesse de se manifester dans notre vie : telle relation prend fin, on perd un emploi, on quitte sa maison, une nouvelle ride apparaît, les cheveux grisonnent, ou l'on perd un être cher.

Si vous regardez toutes les choses et idées auxquelles vous êtes attaché, vous constaterez que votre identité est entremêlée à ces attachements. La peur surgit sitôt que ceux-ci sont menacés d'une quelconque manière, puisque vous les avez considérés comme étant inhérents à votre être, alors qu'ils ne sont en réalité qu'arbitraires et éphémères.

Exercice

En conscience, observez comment chaque fois que vous vous attachez à un objet ou à une idée, vous défendez essentiellement votre propre définition de vous-même. Libérez-vous de cet attachement en vous rappelant que vous êtes autrement plus grand que tout objet et toute idée que vous découvrez. Alors lâchez prise avec grâce et facilité.

Examinez vos émotions désagréables

Vos émotions – peu importe ce qui les déclenche – sont une expression de vous-même. Celles qui sont désagréables vous indiquent qu'il y a un problème à résoudre, une blessure à guérir, afin de pouvoir voir votre propre vérité. En conscience, vous pouvez observer vos émotions désagréables, car elles sont susceptibles de vous indiquer une croyance à laquelle vous êtes attaché et qui n'est plus vraie pour vous.

Chaque fois qu'une émotion se déclenche en vous, il est temps de vous poser ce type de questions :

- De quoi s'agit-il ?
- Quel est l'accord qui sous-tend cela ?
- Quel attachement est menacé ?
- Est-ce que je crois vraiment à cela ?
- Est-ce important ?

La réponse à ces questions vous permet d'examiner vos croyances et de déterminer celles qui sont encore vraies pour vous aujourd'hui.

Exercice

La colère, l'anxiété ou la peur indiquent souvent qu'il existe un décalage entre les croyances auxquelles vous êtes attaché et votre vérité intérieure. La prochaine fois que vous vous sentez stressé, prenez le temps de vous poser les questions ci-dessus. Si votre réponse est décalée par rapport à ce que vous pensiez croire, vous savez que vous venez de mettre à jour une croyance périmée.

Croire à ses propres histoires

Dans l'introduction, j'ai mentionné *Don Quichotte*, l'un des plus grands chefs-d'œuvre littéraires issus de l'âge d'or espagnol. Le personnage principal de l'histoire, un gentilhomme à la retraite du nom d'Alonso Quijano, se prend à ce point de passion pour les livres traitant de chevalerie que sa perception de la réalité en est gravement déformée et qu'il se transforme en un autre : Don Quichotte. Ce dernier voit le monde à travers les filtres du fantastique et de l'aventure. Quoi que la réalité lui impose, il adapte son histoire pour qu'elle corresponde à ses attentes et ses croyances. Le maintien de ses illusions devient crucial, plus important même que sa propre santé mentale.

À défaut de conscience, nous nous comportons tous comme Don Quichotte : nous tentons de modifier la réalité pour qu'elle corresponde à ce que nous estimons vrai.

Exercice

Prenez conscience des moments où vous vous impliquez dans les histoires auxquelles vous voulez croire. Chaque fois que votre histoire ne correspond pas à vos croyances, vous la jugez imparfaite. De plus, observez également la manière dont vous vous punissez quand vous n'êtes pas à la hauteur de votre histoire imaginaire. Quand vous verrez ce cycle tel qu'il est, il vous sera beaucoup plus facile de vous en défaire. Vous êtes parfait comme vous êtes : vous n'avez pas besoin d'histoires.

LIBÉREZ-VOUS DE VOTRE DOMESTICATION

La domestication, ce système de récompenses et de punitions, fonctionne ainsi : chaque fois que vous faites les choses « comme il faut », vous obtenez une récompense qui vous rend heureux. Quand vous ne faites pas les choses comme il faut, vous avez droit à une punition. Si la manière dont chacun de nous a été domestiqué diffère selon l'individu et sa culture, le résultat est toujours le même : jugements contre soi et amour conditionnel.

Par exemple, imaginons qu'on vous ait dit, enfant, que ne pas finir votre assiette était « mal », voire que c'était « péché ». Des années plus tard, devenu adulte, si vous ne finissez pas votre assiette, un jugement émanera de cette voix intérieure avec force, et vous vous forcerez à manger pour éviter de vous sentir coupable, et non pour apaiser votre faim.

Il n'y a personne à accuser de cela : telle est la condition humaine qui prévaut depuis des générations. L'idée, c'est de s'en libérer.

Exercice

En conscience, efforcez-vous d'identifier de quelle manière vous avez été domestiqué. Quand vous distinguez clairement votre domestication, soyez un guerrier toltèque et dites-vous : « Maintenant j'ai conscience de cela, et je choisis d'en être libre. »

Reconnaître ce qui a de l'importance

Ce qu'il y a de merveilleux à reconnaître que l'on est mortel, c'est que cela confère une certaine perspective à notre relation aux autres et à nous-mêmes. De ce point de vue-là, toute forme de ressentiment que nous éprouvons pour nous-mêmes ou pour autrui est une forme de mort anticipée. La sagesse populaire affirme que « cultiver le ressentiment, c'est comme avaler du poison et attendre que celui qu'on déteste meure ».

Ne laissez rien se mettre entre vous et ceux que vous aimez, alors que vous disposez de l'instant présent pour pouvoir profiter les uns des autres. Le pardon est la clé pour vivre l'amour et la joie au présent.

Exercice

En conscience, accordez votre pardon à vous-même et aux autres pour toute faute réelle ou supposée. Quand on considère la vie et la mort dans leur ensemble, est-ce que les ressentiments qu'on cultive ont vraiment de l'importance ?

Les relations intimes

Bien que nous formulions rarement les choses ainsi à voix haute, nous sommes nombreux à aborder nos relations intimes en pensant : « Je t'aimerai si tu te comportes de telle manière. Je t'aimerai si tu m'aimes en retour. Je t'aimerai si tu fais ce que je dis et si tu veilles à ce que je me sente bien. Et, bien entendu, je te laisserai tomber si tu agis autrement. »

Quand on adopte cette attitude dans une relation, on tente en réalité d'utiliser l'amour conditionnel pour contrôler l'autre, pour le domestiquer d'après notre propre point de vue. Il en résulte immanquablement de la souffrance pour nous, puisqu'on ne peut pas durablement ni valablement se sentir bien au détriment d'autrui.

Voici un exemple d'amour inconditionnel : j'ai un ami que sa femme a quitté pour un autre homme. Il l'aimait tendrement et en fut très attristé. Quand je lui ai demandé comment il faisait pour tenir le coup, il m'a répondu que même s'il en était très affecté, si sa femme était plus heureuse avec un autre, alors c'était ce qu'il souhaitait pour elle. Quant à lui, il désirait aller de l'avant dans la vie et nouer une belle relation avec quelqu'un qui l'aimerait comme il s'aime lui-même. Il ne vivait plus dans l'illusion, et il en était reconnaissant.

Exercice

En conscience, aujourd'hui, cherchez des exemples autour de vous qui montrent que l'amour inconditionnel ne dépend pas du comportement d'autrui. Quelles sont, parmi vos relations, celles à travers lesquelles vous aimez les autres et vous-même de manière inconditionnelle ? Et celles dans lesquelles vous nourrissez encore des illusions ?

- gerard de manière inconditionnelle
- Raymond illusion ? ou inconditionnelle

TROUVEZ L'ORIGINE DE VOS ACCORDS

On se juge pour se punir, quand on n'est pas à la hauteur de ses propres attentes, quand on est loin d'atteindre les buts qu'on s'est fixés. Vous vous jugez donc parce que vous n'arrivez pas à satisfaire une exigence que vous vous êtes imposée, c'est-à-dire à cause d'une croyance. Mais les croyances erronées que vous avez à votre sujet ne viennent pas de vous : elles proviennent d'autrui, et vous avez donné votre accord.

Donc les questions à se poser sont les suivantes : Où avez-vous appris cela ? De qui ? Pourquoi ? L'objectif de ce questionnement n'est pas de reporter vos accusations sur quelqu'un d'autre, mais de prendre conscience du moment où vous avez dit oui à telle croyance, de manière à pouvoir vous en défaire quand vous voudrez changer d'intention et vous en libérer.

Exercice

En conscience, aujourd'hui, soyez à l'affût des jugements que vous portez contre vous-même. Quand l'un d'eux apparaît, examinez d'où il vient, puis rejetez-le. Rappelez-vous que vous êtes parfait en cet instant, puisque vous êtes vivant, et choisissez de quelle manière vous souhaitez exprimer votre intention. Soyez libre de vous aimer vous-même.

Gardez la connaissance à sa juste place

La connaissance joue un rôle important dans le Rêve de la Planète. Elle nous permet de communiquer les uns avec les autres, sur la base d'une expérience commune. Elle nous permet également de dépasser nos limites physiques et d'utiliser la technologie pour jouir d'une vie plus agréable.

Si nous ne sommes pas conscients, la connaissance peut prendre le contrôle du mental. Tout ce qui entre dans notre champ de conscience peut alors être étiqueté et traduit sur la base de nos expériences passées. En outre, c'est aussi la connaissance qui rend possible la domestication, ce système de récompenses et de punitions qui soumet l'acceptation de soi et d'autrui à l'exigence de la conformité.

Voilà pourquoi la question : « Est-ce vous qui utilisez la connaissance, ou la connaissance qui vous utilise ? » est si cruciale. C'est vous qui venez en premier, la connaissance n'est que secondaire. Est-ce que votre mental est à ce point contrôlé par ce que vous savez que vous en avez oublié l'essentiel ?

Exercice

En conscience, aujourd'hui, rappelez-vous que la connaissance n'existe que parce que vous existez, *vous*. Si la connaissance peut changer, en revanche la présence que vous êtes, elle, ne change pas. Souvenez-vous-en : cela vous évitera de vous retrouver prisonnier de vos croyances.

Voyez au-delà de vos filtres, pour découvrir votre Rêve Personnel

> Personne d'autre ne saura jamais comment c'est de vivre depuis votre point de vue à vous. (...) Vous êtes le seul à savoir combien il est merveilleux de savourer un plat que vous aimez, d'embrasser quelqu'un ou simplement d'être en vie (...). C'est votre Rêve Personnel à vous. Vous pouvez en faire le paradis le plus fabuleux ou le pire des cauchemars ; tout dépend de vos croyances, de vos pensées et de votre savoir.
>
> — *Les Cinq Niveaux d'attachement*

Parvenir à voir au-delà de nos filtres - de toutes ces connaissances et croyances que nous avons accumulées - ne se fait pas toujours naturellement. On a mis beaucoup d'années à s'attacher à notre vision du monde, et elle nous semble un gage de sécurité. Tout ce à quoi nous sommes attachés peut façonner nos expériences futures et limiter notre perception de ce qui existe en dehors de notre vocabulaire. Comme les œillères d'un cheval, les croyances auxquelles nous sommes attachés restreignent notre champ de vision, ce qui limite à son tour la direction que nous pensons devoir suivre dans la vie. Plus notre niveau d'attachement est fort, plus notre champ de vision est rétréci. Si mon attachement à « ce que je sais » me rend aveugle à toutes les autres options disponibles, alors c'est bien ma connaissance qui me contrôle ; elle contrôle mon intention, et c'est elle qui crée mon Rêve Personnel à ma place.

Exercice

Aujourd'hui, prenez conscience des croyances auxquelles vous êtes attaché ; autorisez-vous à vous en libérer et à vivre comme vous le souhaitez.

Restez flexible dans vos projets

S'il est bon d'avoir des projets dans la vie, il est tout aussi important de se rappeler que nos plans peuvent changer.

Ce dont on peut être sûr, c'est qu'au cours de ce chemin de vie qui est le nôtre, surviendront des choses qui tenteront de nous déséquilibrer, de rendre difficile la poursuite de notre cheminement. Il arrive souvent que la vie prenne une tournure que nous n'aurions pas imaginée. D'où les questions : « Comment réagissons-nous lorsque cela arrive ? Sommes-nous prêts à envisager que la vie ait de meilleurs projets pour nous que nous-mêmes ? Ou nous lamentons-nous sur le passé, en nous disant que les choses auraient été bien mieux, *si seulement* ceci ou cela n'était pas arrivé ? »

Pour pleinement profiter de la vie que nous avons aujourd'hui, il nous faut notamment renoncer à l'idée de ce que nous pensions vouloir autrefois, parce que nous ne le voulons plus désormais.

Exercice

En conscience, aujourd'hui, observez les scénarios que vous conservez encore quant à ce que vous « auriez pu être » dans la vie. Si vous n'avez aucune histoire en rade, aucun regret, c'est merveilleux. Si en revanche il vous en reste, je vous invite à vous en défaire, parce que la vie qui est la vôtre en cet instant est parfaite pour vous.

Les narrateurs

Le fait que nous passions notre temps à décrire, à classer et à juger dans notre tête tout ce que nous vivons dans le monde fait partie intégrante de notre expérience humaine. C'est pour cela que mon père nomme cela la « voix de la connaissance ». Pour ma part, je donne à ce bavardage interne le nom de « narrateurs ».

Ces narrateurs parlent de tout ce qui capte votre attention, et ils décrivent toute chose à travers le filtre de vos croyances actuelles. Ces voix n'arrêtent pas de nous dire ce que nous devrions penser de chaque situation et de quelle manière nous devrions réagir. Elles peuvent nous ligoter à notre passé, pendant que nous tentons de donner sens à notre présent. Ils adorent faire cadrer toute nouvelle expérience avec nos jolis préjugés sur la vie.

Cette habitude nous limite, puisqu'à faire ainsi entrer chacune de nos expériences dans la boîte de notre savoir existant, nous nous empêchons d'apprendre quoi que ce soit de nouveau. Au final, cela vous fait perdre conscience et cela vous coupe de votre vécu présent : vous restez enfermé dans vos comparaisons avec le passé.

Exercice

Si vous demeurez inconscient, vos narrateurs vont gouverner votre vie en prenant toutes les décisions en mode automatique, sur la base de vos expériences passées et de vos croyances actuelles. Rappelez-vous que même si vos narrateurs n'arrêtent pas de radoter, ils ne sont pas vous : par conséquent, vous n'avez pas à être d'accord avec eux. La conscience est donc cruciale pour distinguer les narrateurs de la voix de votre Moi authentique.

Savoir s'abandonner

Dans le Rêve de la Planète, l'idée de « savoir s'abandonner » a une connotation négative. On voit souvent là une faiblesse ou un défaut, la marque d'un « looser ». Mais dans mon Rêve, « savoir s'abandonner » signifie exactement l'inverse.

Savoir s'abandonner, c'est savoir lâcher prise, renoncer à ce qui « devrait » ou « ne devrait pas » être. Cela veut dire ne plus se battre contre la réalité.

Attention : savoir s'abandonner ne signifie pas jouer les carpettes. Quand vous vous abandonnez, vous ne permettez pas pour autant aux autres de vous marcher dessus. Votre intention – vos oui et vos non – reste forte. Savoir s'abandonner, cela signifie plutôt qu'à mesure que vous évoluez dans la vie, vous changez les choses qu'il vous est possible de changer et vous ne vous souciez pas de celles que vous ne pouvez pas changer.

Exercice

Avez-vous su vous abandonner, aujourd'hui ? En conscience, dites-vous : « Je ne suis plus attaché à l'issue d'aucune situation, car la vie sait mieux que moi ce qu'il y a de meilleur pour moi. » Accueillez les choses telles qu'elles sont, et non comme vous pensez qu'elles « devraient » être.

Suivez votre cœur

Les croyances n'ont pas d'existence indépendante ; elles n'existent pas « quelque part » dans l'univers, on ne sait où, mais bien en nous, dans notre psyché. On donne de la puissance à une croyance sitôt qu'on est d'accord avec elle, qu'on se dit : « C'est vrai. » Et comme nous sommes des êtres qui changent continuellement, nos croyances changent nécessairement, elles aussi.

Chaque fois qu'on s'accroche à des croyances qui ne nous servent plus à rien, on en souffre.

Vouloir s'accrocher à ses vieilles croyances, juste parce qu'elles nous sont familières, rien de plus facile : on préfère le connu à l'inconnu, le *statu quo* qui nous convient à l'aventure nouvelle qui pourrait échouer. Mais si vous suivez votre cœur, vous ne vous tromperez jamais. Donc la guerre peut s'arrêter dès que vous le décidez.

Exercice

La prochaine fois que vous êtes en conflit, regardez à quelle croyance vous vous accrochez et posez-vous les questions suivantes : « Est-ce que je crois vraiment à cela ? Est-ce que je suis heureux, à m'accrocher ainsi à cette croyance ? Ai-je le sentiment qu'elle est vraie ? »

Le fait de prendre le temps d'identifier ces points de discorde vous aidera à tracer votre route à l'avenir et à veiller à ce que vos actes soient alignés sur ce que vous croyez, ici et maintenant.

Savoir utiliser l'intention

Dans la tradition toltèque, on définit *l'intention* comme l'énergie fondamentale qui existe, la force de vie à l'origine de tout ce qui existe dans l'univers.

Ce n'est pas exactement la même chose que ce que l'on nomme habituellement l'intention. C'est quelque chose de plus grand. C'est la puissance qu'il y a derrière l'intention au sens courant. L'intention au sens toltèque, c'est la vague ; et l'intention au sens classique, c'est la planche avec laquelle on surfe cette vague.

Bien qu'on ne puisse contrôler l'intention, on peut en utiliser la puissance. C'est pour cela que nos pensées, nos paroles et nos croyances sont importantes. Le plus grand don dont nous jouissions, en tant qu'humains, c'est de pouvoir créer : on peut créer de grandes cités, des œuvres d'art, de la littérature et – plus encore – se créer une vie d'amour et de paix (ou – au choix – de douleurs et de souffrances).

Cette puissance-là existe en vous. Lorsque vous imaginez quelque chose, vous avez la capacité de le réaliser.

Exercice

Qu'imaginez-vous aujourd'hui ? Vous avez le pouvoir de le réaliser. La prochaine fois que vous désirerez quelque chose qui vous semble inaccessible, imaginez que la vague de l'intention vous propulse dans ce sens. Prenez votre planche et surfez-la. Faites en sorte que le but imaginé devienne réel.

La passion

La passion est quelque chose de merveilleux. C'est ce qui nous pousse à réaliser nos rêves. Mais la peur de l'échec peut donner naissance à une vision si forte qu'elle paralysera notre intention et éteindra la flamme qui alimente notre passion. En d'autres termes, la peur peut nous empêcher de vivre la vie dont nous rêvons.

Pour surmonter cette peur, vous pouvez notamment vous poser les questions suivantes :

- De quoi ai-je peur ?
- D'où me vient cette peur ?
- Suis-je prêt à laisser la peur m'empêcher de suivre ma passion ?

Si vous restez fixé sur toutes les étapes nécessaires à l'accomplissement de votre but, vous risquez d'alimenter les feux de la peur. Alors faites simplement un petit pas en direction de votre passion. Grâce à ce pas, vous prendrez conscience de la force de votre intention et la peur commencera à s'effacer. Une fois que vous aurez franchi plusieurs pas, vous serez en marche vers la réalisation de votre rêve et ce que vous aurez réalisé renforcera votre confiance en vous.

Exercice

En conscience, fixez votre attention sur les peurs qui vous empêchent d'aller dans le sens de votre passion. Mais au lieu de vous concentrer sur vos peurs, reportez votre attention sur le premier pas qui conduit à votre but. Vous n'avez pas besoin de prendre en compte toutes les étapes nécessaires à la réalisation de votre rêve dès maintenant : chaque chose en son temps. Après ce premier pas, votre intention prendra le dessus.

Rappelez-vous que votre puissance dépasse vos rêves les plus fous.

Redécouvrir le Moi authentique

> Notre Moi authentique est toujours présent : seuls nos attachements nous empêchent de nous rappeler qui nous sommes vraiment (...).
>
> À notre naissance, nos parents nous ont soulevés et tenus dans leurs bras. À travers l'amour qu'ils nous portaient, ils ont entrevu des possibilités infinies pour nous. Ils discernaient le potentiel illimité de notre Moi authentique, de cette force de vie qui peut agir dans n'importe quelle direction qui conduit à ces possibilités infinies.
>
> — *Les Cinq Niveaux d'attachement*

Développer sa conscience exige de la discipline : il faut renforcer sa volonté jusqu'à parvenir à rester en harmonie avec le monde qui nous entoure. De nombreuses traditions religieuses et spirituelles, de par le monde, ont élaboré des disciplines qui favorisent une telle harmonie, que ce soit la prière, la méditation, le yoga, le chant et la danse, entre autres méthodes. Ces connaissances sont des instruments de transformation : les vivre, c'est manifester son Moi authentique.

Autrefois, je pensais que les grands maîtres de toutes les traditions étaient les meilleurs exemples possibles du Moi authentique. Mais aujourd'hui, je me rends compte que tous les gens que je connais et que je vois sont une personnification du Moi authentique. Tous, nous créons, nous produisons des choses, nous apprenons, nous nous engageons et nous aimons la vie. Nous sommes tous des manifestations de la vie ; nous sommes toujours notre Moi authentique. Il s'agit juste de faire le choix de le voir, à la fois en soi-même et chez les autres.

Exercice

En conscience, rappelez-vous que chaque personne que vous voyez est une manifestation du Moi authentique. Dites-vous : « Aujourd'hui, je fais le choix de voir le Moi authentique aussi bien en moi qu'en vous. Aujourd'hui, je choisis de voir un Maître réalisé en moi et en vous. »

Le parasite et l'allié

Dans la tradition toltèque, on utilise parfois les termes « parasite » et « allié » quand on aborde la nature du mental.

Le parasite représente un mental consumé par un mélange d'abus et d'assujettissement. Imaginez un juge et une victime, symboles représentant l'amour conditionnel et la domestication. Le juge applique les lois d'après lesquelles vous vous êtes modelé, en vous dictant comment être digne de votre propre amour, tandis que la victime, assujettie au juge, déforme toutes ses perceptions pour satisfaire le point de vue du juge. Cette relation codépendante et dysfonctionnelle constitue le parasite qui affecte notre mental.

L'allié, en revanche, représente un mental qui n'a pas été soumis à l'amour conditionnel du parasite et qui est disposé à percevoir le monde d'un point de vue non déformé. On le nomme « allié » parce qu'il nous procure l'information dont nous avons besoin pour vivre en conscience.

Lorsque je vois le monde à travers les yeux du parasite, c'est la dysharmonie qui règne dans ma vie. En revanche, quand c'est l'allié qui s'exprime en moi, c'est l'harmonie qui règne. Le parasite et l'allié existent tous deux en moi et en vous : ce sont des reflets du mental qui réfléchissent le tout. S'aimer de manière inconditionnelle signifie accepter que nous possédions ces deux aspects.

Exercice

Vous pouvez faire le choix en conscience de la façon dont vous voulez vivre votre vie. Vous pouvez choisir de la vivre avec les yeux du parasite ou ceux de l'allié. Ce choix est une expression de votre libre arbitre.

Changer parce qu'on s'aime

La seule motivation qui entraîne des changements durables, c'est l'amour de soi. Quand vous vous aimez, quand vous vous acceptez, vous avez envie de bien vous traiter et d'être en aussi bonne santé que possible. À ce moment-là seulement, vous jouissez de la liberté de vous détoxiquer de ce qui assujettissait votre volonté.

Si vous voulez que ce soit effectivement votre amour pour vous qui motive les changements que vous choisissez de faire dans la vie, éliminez tous les «je dois» ou «je devrais» de votre vocabulaire. La phrase clé, c'est toujours: «Je veux faire ce changement-là pour moi.»

Mettre en œuvre un changement pour soi, plutôt que pour plaire aux autres ou pour satisfaire vos narrateurs intérieurs, c'est ce qui différencie une solution temporaire d'une transformation durable.

Exercice

Quels changements souhaitez-vous entreprendre pour vous-même, aujourd'hui? Rappelez-vous de les faire parce que vous vous aimez.

Cocréer le Rêve de la Planète

Au final, il s'agit de considérer la connaissance comme l'élément qui permet de cocréer un rêve avec autrui, tout en restant conscient de soi-même. Je prends plaisir à interagir avec le Rêve de la Planète. J'aime utiliser la connaissance pour vous communiquer mon Rêve. J'ai plaisir à jouer avec le monde qui m'entoure, avec respect et amour. Je fais partie de cette création.

Nous pouvons tous prendre conscience que c'est l'amour qui nous relie les uns aux autres. On peut s'aimer de manière conditionnelle ou avec respect. La différence, c'est l'harmonie, qui n'est rien d'autre qu'une sorte de paradis sur Terre. Lorsque nous respecterons le libre arbitre les uns des autres, nous aurons enfin la paix.

Exercice

Aujourd'hui, montrez-vous respectueux des autres en honorant leurs choix, même lorsque vous n'êtes pas d'accord avec eux. Et respectez-vous aussi vous-même, en faisant vos choix en conscience et en honorant vos véritables intentions.

Un rêve merveilleux

Imaginez que vous aimiez le foot et que vous vous retrouviez soudain dans un stade, au beau milieu d'un match. Ça peut aussi bien être un stade magnifique que des gradins à côté d'un terrain. Les joueurs peuvent être formidables ou médiocres. Peu importe qui joue. Vous ne prenez pas parti pour une équipe ni pour l'autre ; vous regardez simplement le match et vous appréciez ce sport pour ce qu'il est.

Sitôt que l'arbitre siffle la fin du match – peu importe qui a gagné –, vous laissez tout ça derrière vous. Vous sortez du stade et vous reprenez le fil de votre vie. Ce match ne dit rien à votre sujet. Vous n'avez aucun attachement, l'issue du match vous laisse indifférent.

Imaginez maintenant que vous conserviez pareille sensation de non-attachement au bureau, dans vos projets personnels et dans vos relations. À quoi ressemblerait alors votre vie ?

Exercice

En conscience, impliquez-vous aujourd'hui dans votre vie avec une forme ludique de détachement. Avec cet état d'esprit, vous allez apprécier ce que vous faites, mais vous ne serez plus attaché à l'issue de chaque situation, puisque votre identité ne dépendra plus de ces vieilles notions démodées d'« échec » ou de « réussite ».

Fixez-vous des buts

Se fixer des buts peut être une bonne chose, mais ça peut aussi devenir juste un autre moyen d'autodomestication.

Par exemple, on se forge souvent des buts, à la seule fin de déterminer si l'on est acceptable ou pas. Si l'on atteint tel objectif, on s'accepte ; si l'on n'y arrive pas, on se trouve nul. En agissant ainsi, on fait un mauvais usage de ses buts et on provoque des souffrances inutiles chez les autres comme en soi-même.

Un but, c'est le point à l'horizon grâce auquel on se donne l'intention de manifester la vie qu'on souhaite vivre, et la vie en est le processus de manifestation.

Exercice

La prochaine fois que vous vous fixez un but, demandez-vous :

- Qu'est-ce qui me pousse à faire cela ? Est-ce quelque chose que j'ai vraiment envie de faire pour moi, ou est-ce que je le fais plutôt pour faire plaisir à quelqu'un ?
- Est-ce que je suis attaché à ce que les choses se passent de telle ou telle manière, ou suis-je ouvert à tous les possibles ?

Quand c'est pour vous que vous vous fixez un but, en cultivant un amour inconditionnel pour vous-même, quelle qu'en soit l'issue, ce sera un succès.

Réaliser le paradis sur Terre

Qu'est-ce que l'enfer ?

D'après ma propre définition, l'enfer, c'est croire en toutes les pensées négatives sur soi et sur les autres qui nous viennent à l'esprit. Ces pensées nous rendent aveugles à la vie telle qu'elle est, y compris à notre véritable potentiel et à celui d'autrui. C'est le seul enfer que je connaisse, et il existe en nous.

La bonne nouvelle, c'est que le paradis existe lui aussi en nous.

La différence entre le paradis et l'enfer, c'est la même qu'entre l'amour inconditionnel et l'amour conditionnel. Les démons qui peuplent mes cauchemars sont les histoires que je me raconte, fondées sur l'amour conditionnel : « Je t'aimerai *si* tu te comportes comme j'estime que tu le dois », ou « J'aimerai telle situation *si* elle tourne à mon avantage », et finalement, « Je m'aimerai moi *si* je réussis ceci ou cela ».

En restant ouvert à tous les possibles et en aimant sans conditions ni restrictions, on se libère et l'on peut accueillir toute chose comme étant paradisiaque. On aime sans « si » ni « quand » ; et en arrêtant de toujours chercher mieux et plus parfait, on accepte les choses comme elles sont vraiment.

Avec toute la liberté que m'offre la vie, je dis oui : oui à l'idée de m'aimer, oui à l'idée de vous aimer. Qu'en dites-vous ?

Exercice

Quand vous aimez et acceptez tout sans condition, vous y compris, vous quittez l'enfer. Quand vous cessez de croire aux déformations de l'amour conditionnel, le paradis se révèle en vous.

En conscience, dites-vous : « Aujourd'hui, j'aime la vie inconditionnellement et je m'autorise à voir la perfection de toute chose à chaque instant. Quand je m'aime et que je m'accepte exactement comme je suis, en cet instant, j'aime *tout* ce que Dieu manifeste. »

Raconter des histoires

Certaines personnes racontent à votre sujet une histoire que vous appréciez, et du coup vous les aimez en retour. On nomme ces gens-là des « amis ».

D'autres personnes racontent sur vous des histoires que vous n'appréciez guère, et du coup vous ne les aimez pas non plus. Ce sont vos « ennemis ».

Dans les deux cas, vous vous êtes défini d'après l'opinion d'autrui. Votre ego se renforce et le sentiment de votre propre importance croît en fonction de choses extérieures et éphémères. Voilà une dangereuse manière de vivre.

Par exemple, lorsque quelqu'un vous aime, vous utilisez son histoire pour vous convaincre que vous méritez d'être aimé. Par contre, si vous rencontrez quelqu'un qui ne vous aime pas, vous tombez également d'accord avec lui, et du coup vous vous jugez en fonction.

Même si l'un des quatre accords toltèques stipule que *Quoi qu'il arrive, n'en faites pas une affaire personnelle*, si vous ne développez pas votre conscience, vous prenez tout personnellement. Tout le monde se rend coupable de cela, à un moment ou un autre. On se dit que les autres déterminent leurs actes en fonction de nous, alors qu'en réalité vous n'avez aucun moyen de savoir ce qui motive vraiment les gens. En vous définissant à l'aune des critères d'autrui, vous renoncez au pouvoir de vous définir vous-même.

Exercice

En l'absence de conscience, tout ce qui vous arrive est personnel. On s'imagine souvent que le conseil de *ne rien prendre personnellement* s'applique seulement aux idées et aux commentaires négatifs. Ça commence effectivement par là, mais rappelez-vous qu'il ne faut pas prendre les remarques et commentaires positifs de manière personnelle non plus. Vous êtes beau, vous êtes parfait, peu importe ce qu'en disent les autres, quels qu'ils soient. La vérité n'a besoin d'être confirmée par personne.

Savoir distinguer les deux sortes de peur

Il existe deux sortes de peur : la peur physique et celle qui est irrationnelle.

La peur physique est une réaction naturelle à un danger réel et évident. Elle nous permet de survivre grâce à la fuite, au combat, à l'immobilité ou à la victoire sur la résistance, grâce à une bouffée d'adrénaline et à notre désir de vivre. Elle ne vise qu'à assurer notre sécurité.

La peur irrationnelle déclenche les mêmes réactions, sauf qu'il n'y a aucun danger physique en présence. La cause principale des peurs irrationnelles, ce sont nos suppositions et nos projections sur l'avenir. Ces peurs-là trompent notre corps et nous font subir des traumatismes inutiles.

Faire la paix avec la peur exige de comprendre cette distinction entre les deux. La première est rationnelle et utile, l'autre est irrationnelle et inutile. L'une peut vous sauver la vie ; l'autre peut vous empêcher de vivre.

Exercice

En conscience, identifiez vos peurs irrationnelles lorsqu'elles se manifestent. La prochaine fois que vous serez anxieux ou enclin à juger, il y a des chances pour que vous soyez en contact avec une peur de ce genre. En conscience, rappelez-vous que la solution pour surmonter cette peur-là, c'est de vous aimer sans condition. Vous êtes parfait comme vous êtes, et vous n'avez rien à craindre. Aimez-vous simplement parce que vous existez.

Rappelez-vous votre choix

Il est facile de critiquer les médias, notre culture et notre milieu sous prétexte qu'ils propagent des images irréalistes de ce qu'ils attendent de nous. Mais derrière toutes ces attentes, il n'y a en réalité personne à incriminer. En effet, une publicité, comme un jugement, n'a aucun pouvoir sur nous, sauf si nous sommes d'accord avec son message. Ce n'est que lorsque nous nous attachons délibérément à ces images et à ces déformations que nous mettons en jeu notre bonheur.

Nous n'avons pas besoin non plus de nous reprocher les jugements que nous portons sur nous-mêmes. Nous pouvons simplement prendre conscience qu'ils se sont développés en nous depuis que nous sommes tout petits, *via* le processus de domestication.

Une fois que nous avons conscience de ces jugements contre nous, nous pouvons revendiquer et reconquérir notre liberté en décidant de transcender ce modèle de punitions et de récompenses qui nous a été imposé, pour parvenir finalement à nous accepter comme nous sommes. Nous avons le choix. Tel est notre pouvoir.

Exercice

Combien de vos idées et de vos croyances, tant à votre propre sujet qu'à propos du monde, proviennent de votre domestication et d'influences extérieures? Partez-vous du principe que les choses devraient être ou paraître comme ceci ou comme cela, parce que c'est ce que vous avez vu à la télévision ou dans votre milieu et que ça vous semble normal? En conscience, remettez ces présupposés en question aujourd'hui. Demandez-vous si les choses ne pourraient pas être autrement, et si vous ne pourriez pas être heureux en abandonnant ces visions idéales et rigides de la perfection.

Le pardon

La domestication, c'est une voie à double sens. Même si quelqu'un d'extérieur peut avoir utilisé sa parole et ses actes pour tenter de vous domestiquer, voire pour vous nuire et vous faire du mal, au final c'est bien vous qui avez dit oui à cette croyance et qui lui avez permis de fleurir dans votre esprit.

Il est donc crucial que vous preniez conscience d'être à moitié responsable de la relation : ce n'est pas juste la faute des autres. Admettez que vous avez utilisé les propos et les actes passés d'autrui pour vous nuire potentiellement à tous les deux, en leur disant oui. Les paroles et les actions des autres ne peuvent vous blesser qu'avec votre permission, et vous la donnez sitôt que vous choisissez d'être d'accord avec eux.

Exercice

Le pardon survient sitôt que vous dites non à l'éventualité de conserver la douleur d'un accord qui ne vous fait pas du bien. Dites à voix haute ou intérieurement : « Je me pardonne et je pardonne à tous les autres d'avoir utilisé leurs propos et leurs actes contre moi, et je forme le vœu de ne plus me nuire à l'avenir. »

Le fait de pardonner, à vous comme à autrui, vous rend libre d'aller de l'avant dans votre vie.

Relations : s'impliquer et non s'imposer

Le Rêve de la Planète peut être aussi petit qu'un rêve partagé simplement par deux personnes, ou aussi grand que celui que partagent pratiquement toutes les créatures vivantes, avec toutes les variantes intermédiaires.

Comment se construit le Rêve de la Planète ? Ça commence simplement par vous et moi. (...) La relation qui existe entre nous, aussi modeste soit-elle, est un rêve qui a pour nom *nous.* Il surgit sitôt que nous entrons en interaction et que des idées, des concepts et des accords commencent à s'échanger entre nous.

— *Les Cinq Niveaux d'attachement*

C'est par ce besoin que nous éprouvons de partager et de communiquer que se forge le Rêve de la Planète. Soit nous nous impliquons avec respect dans une relation, soit nous imposons nos croyances et nos idéaux à l'autre, sans respect, en tentant de faire entrer l'autre dans notre moule.

Exercice

Considérez vos relations professionnelles, familiales, et surtout votre relation à vous-même. Vous impliquez-vous de manière respectueuse dans ces relations ? Ou tentez-vous plutôt d'imposer vos croyances à autrui ?

En conscience, dites-vous : « Aujourd'hui, je fais le choix de m'impliquer avec respect dans mes relations personnelles, plutôt que de m'imposer. »

PRENEZ CONSCIENCE DE VOS CROYANCES

Puisque c'est bien nous, les êtres vivants, qui donnons vie à nos croyances au départ, nous devons nous rappeler de soustraire notre confiance à ces croyances pour la reporter sur nous-mêmes.

Plutôt que d'avoir confiance en ce que nous savons, ayons confiance en qui nous sommes. Au lieu de défendre de toutes nos forces une croyance, regardons ce qui se passe autour de nous et restons à l'écoute.

Se remettre en question et rester ouvert à l'idée de changer d'avis sur telle ou telle chose n'implique pas pour autant qu'il faille aussi remettre en question le cœur même de notre être. Armés de confiance, nous pouvons simplement douter de nos croyances et des histoires que nous avons élaborées pour décrire notre être.

Exercice

Aujourd'hui, chaque fois que vous éprouvez le besoin de défendre une croyance, prenez-en conscience. Posez-vous les questions suivantes :

- Où ai-je trouvé cette croyance ?
- Comment m'affecte-t-elle ?
- En fais-je bon usage ?
- En ai-je toujours besoin ?

Formez le vœu de vous défaire de toute croyance qui ne vous est plus utile.

RETIRER SON MASQUE

> Une fois adulte, on peut continuer de jouer à faire semblant, comme quand on était gamin : autrement dit, on peut toujours se créer des masques qui s'appuient sur une connaissance de la manière d'entrer en interaction les uns avec les autres, dans tel contexte particulier. Sauf que lorsqu'on est adulte, notre masque devient le moyen de nous adapter socialement et d'établir des relations avec les groupes auxquels nous sommes liés, et nous en oublions que c'est juste un masque… Nous croyons que le masque *est* nous !
>
> — *Les Cinq Niveaux d'attachement*

Chez la plupart d'entre nous, notre attachement à nos croyances – tant les nôtres que celles des autres – prend la forme d'un masque que nous ignorons pouvoir retirer. Ce masque nous empêche de pouvoir interagir sainement avec les autres et avec le monde environnant, et il nous force à prendre des décisions qui ne se fondent pas sur ce que nous voulons vraiment, mais sur ce que nous dictent ces croyances. À mesure que nous nous libérons de ces attachements, notre réalité change, puisque nous ne sommes plus enchaînés à nos croyances. Nous sommes alors libres de nous forger la vie que nous désirons, en concluant de nouveaux accords alignés sur notre Moi authentique.

Exercice

En conscience, observez les croyances auxquelles vous êtes attaché, et réalisez que vous pouvez vous défaire de celles qui ne vous sont plus utiles.

Lâchez prise de ce que vous savez

Chaque fois que vous étiquetez quelque chose – un arbre, l'employé de l'épicerie, une « bonne » idée –, vous vous en forgez une image, une représentation abstraite, au lieu de la vivre directement. Du coup, vous n'arrivez plus à voir l'expression unique de cet arbre ou de cette personne. Chaque fois que vous qualifiez quelque chose de « bon » ou de « mauvais », vous ne la considérez plus avec l'esprit ouvert.

Le risque de cette manière de penser, c'est que vous allez voir et traiter les gens comme des objets ou des idées, et non comme des êtres humains qui vivent et respirent, et vous les jugerez subtilement en fonction. Voilà comment la connaissance, sous la forme de vos propres étiquettes et filtres, vous empêche de voir la réalité telle qu'elle est en cet instant.

Exercice

Imaginez que vous visitiez la Terre depuis une autre planète. Imaginez que vous voyiez le monde à travers le regard de quelqu'un qui le contemple pour la toute première fois. Défaites-vous dès aujourd'hui de tout ce que vous connaissez et pensez, et portez sur tout être et toute chose un regard neuf.

Comprendre les symboles

Les mots sont des symboles : ils rendent la communication avec autrui possible et utile. Sauf que nous attachons certaines émotions et significations aux mots, qui elles n'appartiennent qu'à nous. Nous pouvons donc avoir une interprétation ou une perception de tel mot qui diffère légèrement des autres, quand celles-ci ne sont pas totalement différentes d'une personne à l'autre.

Un exemple tout simple : le mot « rouge ». Peuvent s'y attacher des émotions subtiles, tant bonnes que mauvaises. À l'école, des annotations rouges sur une copie peuvent signifier que vous avez mal répondu. Quand une entreprise est « dans le rouge », cela veut dire qu'elle perd de l'argent. Un taureau charge quand il voit du rouge. Les roses sont rouges, et c'est la couleur la plus fréquemment associée à l'amour. Dans les années 1950, aux États-Unis, c'était une insulte, dans la plupart des milieux, de dire de quelqu'un que c'était un « rouge ». Aujourd'hui, c'est la couleur du parti républicain aux États-Unis : on peut ainsi dire de tel État qu'« il est rouge ».

Cette couleur n'est qu'un simple exemple. Alors qu'en est-il de termes comme « mort », « divorce », « amour », « Dieu », « illumination » ou encore « liberté » ? Lorsqu'on communique les uns avec les autres, nos paroles peuvent déclencher certaines réactions émotionnelles parfaitement non intentionnelles. Voilà pourquoi mon père enseigne : « Je suis responsable de ce que je dis, mais pas de ce que tu entends. »

Exercice

Quand vous parlez à quelqu'un, vous partagez avec lui une ligne de communication. Mais selon le point de vue de chacun, ce que vous avez l'intention de dire peut différer de ce qu'il va entendre. Sachez que les mots sont des symboles et prenez note des attachements émotionnels que vous avez peut-être avec certains mots. Cela vous rappellera de ne pas élaborer des histoires et de ne pas prendre les choses personnellement.

Le Miroir de Fumée

Dans la tradition toltèque, il existe le concept de *Miroir de Fumée*, une manière de désigner le filtre que nous avons tous quand nous regardons la réalité. Lorsqu'on voit le monde à travers un Miroir de Fumée, cela signifie que tout ce qu'on regarde est déformé par nos croyances et nos idées, autrement dit que notre point de vue est préconditionné.

Quand vous parlez à quelqu'un dont la fumée est épaisse, vous n'atteignez que son système de croyances ; le filtre formé par sa connaissance fait qu'il est difficile (voire impossible) d'atteindre véritablement cette personne. Inversement, quelqu'un d'autre peut avoir un filtre très mince, ce qui signifie que vous parvenez à lui parler directement. On appelle cela « la communication cœur à cœur ».

La clé, c'est de prendre conscience du degré d'enfumage de votre miroir et de votre niveau d'attachement à votre propre point de vue. Votre miroir est le seul que vous puissiez nettoyer et polir.

Exercice

En conscience, prenez note que chaque personne que vous rencontrez voit le monde à travers son propre système de croyances. Lorsque vous vous disputez avec quelqu'un, c'est parce que ce qu'il dit ou fait entre en conflit avec votre propre système de croyances. Chaque fois que vous aborderez une personne avec l'envie d'argumenter, vous saurez désormais que c'est bien votre miroir qui est enfumé.

Écouter le silence

Quand le mental n'est pas apaisé, quand on a le sentiment d'avoir l'attention attirée dans mille et une directions différentes, on est submergé par le stress et la dysharmonie. À ce stade, on se retrouve captif du brouillard du *mitote* (les mille et une voix qui parlent ensemble dans notre tête). Ce brouillard fait obstacle au reflet de l'amour et nous fait croire que l'amour est quelque chose à gagner, comme une carotte insaisissable au bout d'un bâton.

Grâce à la conscience, nous réalisons qu'il existe un silence profond derrière toutes ces voix intérieures. Écouter ce silence est l'une des manières de parvenir à apaiser le mental. Si nous regardons notre reflet dans la glace, droit dans les yeux, nous verrons ce qu'il y a au-delà : nous distinguerons la vérité. L'apaisement du mental vous aide à vivre cela sans distraction et vous permet de conserver votre pouvoir.

Exercice

Aujourd'hui, entraînez-vous à apaiser votre mental. Prenez un moment pour vous asseoir au calme et vous relaxer. Soustrayez-vous à toutes les distractions de la journée et réfléchissez. Autorisez-vous à écouter le silence en vous.

Redéfinir le succès

Dans le Rêve de la Planète, le « succès » correspond bien souvent à l'obtention d'argent, d'un certain statut ou de possessions.

Dans mon Rêve à moi, le succès signifie tout autre chose. C'est ce que l'on obtient naturellement en faisant ce qu'on aime faire, c'est-à-dire quelque chose qui nous passionne.

S'adonner à ses passions nous aide à évoluer ; ça nous aide à dépasser les limites de notre situation actuelle. La passion est le feu qui brûle dans notre cœur. Quand nous faisons ce que nous aimons faire, la joie se manifeste dans notre vie.

Prendre conscience de ce qui nous passionne puis le faire : telle est la clé du succès. Lorsqu'on s'adonne à ses passions, le succès est en effet une conséquence naturelle, parce que l'amour que nous éprouvons pour la vie s'exprime à chaque instant.

Exercice

Qu'est-ce qui vous passionne ? En conscience, aujourd'hui, donnez-vous l'autorisation de faire ce que vous aimez.

Accueillir le changement

Parfois, le changement survient très soudainement. Nos narrateurs peuvent alors convenir que c'est pour le mieux, ou au contraire estimer que c'est une catastrophe. Mais on ne peut pas éviter le changement.

Parmi toutes les choses qui changeront au cours de votre existence, il en est une qui ne changera jamais : la conscience. Ce point de perception constant, qui est en réalité vous-même, est immuable. Dans ce monde de polarités (le « haut » et le « bas », le « froid » et le « chaud »), on ne peut identifier le changement qu'en raison de la présence de cette partie de nous-mêmes qui, elle, ne change pas.

Aimer la vie de manière inconditionnelle, ça veut dire savoir qu'elle peut changer d'une minute à l'autre, sans avertissement, comme le vent change de direction ; mais la force de notre intention nous permet non seulement de nous adapter à tout ce que la vie nous impose, mais également de nous épanouir dans ces nouvelles circonstances.

Exercice

Soyez dans l'instant présent, suivez continuellement le cours de la vie, en vous rappelant que *vous-même* êtes constant, à chaque seconde. Tous les changements qui surviennent arrivent « pour vous », plus qu'ils n'arrivent « à vous ».

Le premier accord toltèque

> Que votre parole soit impeccable. Le premier accord est le plus important, mais aussi le plus difficile à honorer. Il est tellement important qu'à lui seul il peut vous permettre d'atteindre ce niveau d'existence que je nomme le paradis sur Terre.
>
> — Don Miguel Ruiz, *Les Quatre Accords toltèques*

En matière d'impeccabilité de la parole – le premier accord proposé par mon père –, il est important de considérer l'impact de nos mots sur notre propre comportement. Par exemple, si l'on se dénigre mentalement, si l'on se répète qu'on est moche, qu'on est nul ou qu'on ne vaut rien, quelle influence ces paroles auront-elles sur notre estime de soi ? En se parlant de manière aussi négative, comment s'étonner qu'on perde la foi en ses propres capacités et qu'on se coupe de sa propre divinité ? On ne supporterait jamais cela de la part d'autrui, et pourtant combien d'entre nous s'infligent cela régulièrement ?…

La bonne nouvelle, c'est que toutes ces choses ne sont pas vraies : elles ne peuvent tout bonnement pas l'être.

Exercice

Votre parole, c'est le pont que vous créez et qui vous permet d'accéder à votre Rêve Personnel ainsi qu'au Rêve de la Planète. Vous êtes une création de Dieu, magnifique, précieuse et parfaite. Chaque fois que vous vous surprenez à dire le contraire, rappelez-vous qu'il est temps d'avoir une parole impeccable en vous-même.

Doser son investissement

Quand vous vous surinvestissez dans une relation, vous lui abandonnez votre pouvoir. Au lieu de suivre le flux et le reflux de la vie, vous vous opposez à tout changement dans cette relation. Elle qui vous semblait sûre jusque-là commence à vous faire peur, sitôt que vous êtes obsédé à l'idée de ne pas la perdre.

Mais en réalité, personne ne restera éternellement avec vous, sinon vous-même.

Quand votre énergie sert à conserver votre foi en vous-même, vous préservez votre puissance et votre bien-être. Vous désinvestir d'une relation ne signifie pas que vous ne lui accordiez aucune valeur ; c'est même l'inverse. Vous constaterez que vous êtes capable d'être plus aimant et plus présent, tant avec les autres qu'avec vous-même, à mesure que vous vous investissez davantage dans votre relation à vous-même, car cela vous donnera la liberté de respecter le libre arbitre d'autrui. C'est ce respect qui crée l'harmonie entre deux êtres qui s'aiment.

Exercice

En conscience, observez quand vous vous surinvestissez dans une relation. Faites quelques respirations conscientes et imaginez que vous rappelez à vous l'énergie investie en trop et que vous vous la redonnez. À chaque expiration, imaginez que vous vous libérez de votre attachement.

Relativiser l'opinion d'autrui

Dans le Rêve de la Planète, il est très courant de vouloir éviter à tout prix d'être rejeté. Personne n'aime se sentir exclu ou « moins que ». Par exemple, si quelqu'un vous dit : « Tu ne m'attires pas », c'est à vous de choisir ce que vous allez faire de cette information. Vous pouvez accepter la vérité et prendre conscience que l'opinion de cette personne n'a rien à voir avec vous, mais qu'elle concerne seulement cette personne et ses goûts à elle.

Ou vous pouvez adopter ses préférences et les retourner contre vous pour renforcer telle ou telle de vos croyances négatives à votre sujet : « Cette personne ne m'aime pas parce que j'ai des kilos en trop, parce que je suis gros(se), etc. » (Malheureusement, c'est la réaction la plus fréquente.) En agissant ainsi, vous donnez aux goûts d'autrui plus d'importance qu'aux vôtres ; vous êtes alors convaincu de ne pas mériter votre propre amour et votre propre acceptation. La motivation qui vous pousse à changer devient alors : « Si je perds quelques kilos, peut-être qu'il/elle va m'aimer. »

D'une manière ou d'une autre, vous faites un choix. Vous pouvez choisir de laisser l'opinion d'autrui déterminer si vous vous acceptez ou non, ou vous pouvez décider d'accepter que ce qu'il/elle a dit exprime juste ce qui est vrai pour lui/elle, et ne change rien à ce que vous êtes.

Exercice

En conscience, aujourd'hui, prenez note des fois où vous faites dépendre votre amour de vous-même de l'opinion d'autrui. Rappelez-vous que vous pouvez tout à fait respecter l'opinion d'autrui sans être nécessairement d'accord avec. Dites-vous : « Je suis parfait(e) en cet instant précis, et telle est ma vérité. »

ex : Raymond → j' suis un "fainéant"

Le souffle

Chaque seconde, vous faites quelque chose d'absolument vital : vous respirez. La plupart du temps, vous faites cela en pilote automatique, sans même en avoir conscience. Mais quand vous respirez consciemment, chaque inspiration et chaque expiration peuvent devenir une bénédiction pour votre corps. À chaque inspiration, vous laissez votre environnement vous alimenter, et à chaque expiration, c'est vous qui alimentez l'environnement à votre tour. Le souffle n'est qu'un flot constant de générosité et de gratitude.

Exercice

Posez-vous la question : « De quoi voudrais-je davantage dans ma vie ? »

Maintenant, reformulez votre réponse en ne gardant que deux mots. Par exemple, vous voulez peut-être vous aimer davantage et être plus en paix dans la vie… ou alors, la sagesse et la créativité… ou encore l'abondance et la foi… Vous comprenez l'idée.

Utilisez ensuite ces deux termes comme un mantra en respirant consciemment. Dites le premier mot à chacune de vos inspirations, et le second chaque fois que vous expirez. En conscience, observez ce que vous apporte cette respiration consciente.

L'INVESTISSEMENT

Par « investissement », j'entends l'action d'interagir avec le point focal de notre attention. On s'investit dans telle chose, telle situation, telle personne ou telle idée, sous la forme d'un attachement, en mettant une partie de soi dedans.

Un investissement provoque de la souffrance sitôt que l'attachement devient tel qu'on en oublie que ce qu'on est diffère du point focal de notre attention. Quand on cesse d'en avoir conscience, on reporte son pouvoir personnel sur quelque chose d'extérieur à soi et on assujettit son bonheur à la stabilité de telle chose ou de telle situation extérieure.

Dans le Rêve de la Planète, tout est en mouvement constant ; rien ne reste stable longtemps. Comme deux danseurs qui suivent la mélodie et le rythme de la vie, notre tâche consiste à nous investir avec fluidité, en nous rappelant que ce que nous sommes ne dépend de rien d'extérieur à nous.

Exercice

En conscience, aujourd'hui, rappelez-vous de profiter de la vie qui s'écoule.

Savoir s'amuser

Au moment de se dire au revoir, je dis souvent aux gens : « Amusez-vous bien ! », ce qui me vaut parfois des regards étonnés ou des remarques du genre : «Je vais travailler ! Je ne suis pas censé m'amuser. »

Ce qui me rappelle quand j'étais enfant et qu'avec mes amis on faisait semblant d'être des adultes. On se choisissait chacun un rôle – avocat, médecin ou conducteur de bus – et nos visages reflétaient rapidement nos rôles en se faisant très sérieux. Au bout de quelques minutes, notre jeu prenait fin et nous retrouvions le sourire. Après coup, on se disait : « On s'est bien amusés ! »

Mais en cours de route, on a fini par ne plus retrouver le sourire. Le jeu ne s'est plus arrêté et, plus important encore, on a oublié que c'était un jeu. Nous avons tous des responsabilités : le travail ou l'école, les corvées, les factures à payer. Même si parfois ces activités ne sont pas des plus drôles, on les fait quand même en compagnie de la personne qui compte le plus dans notre vie : nous-mêmes.

On peut faire le choix d'apprécier ce que l'on fait ou pas, peu importe que ce soit l'emploi le plus banal ou le plus stressant que nous ayons jamais eu. Le choix ne tient qu'à nous. J'espère que vous choisirez de vous amuser !

Exercice

De quelle manière voulez-vous vivre cette journée, aujourd'hui ? En conscience, décidez de faire en sorte de vous amuser au cours de vos activités quotidiennes.

Voyez votre Moi authentique

Durant des années, j'ai eu le privilège de voir mon père travailler et partager ce qu'il sait. Pendant tout ce temps, une même demande revenait sans cesse de la part des gens qui étudiaient avec lui :

« Don Miguel ! Pouvez-vous m'aider à trouver mon vrai Moi ? »

Mon père adressait alors un sourire plein de compassion à celui qui posait la question et lui disait : « Vous êtes là, juste devant moi. »

À quoi l'intéressé répondait généralement un truc du genre : « Non, non. Ce n'est pas ça que je veux dire. Je voulais que vous m'aidiez à trouver mon vrai Moi. Mon Moi authentique. »

Sans même en avoir conscience, il demandait à mon père de redomestiquer tout son système de croyances, pour en faire quelque chose qui lui permettrait de s'accepter et de s'aimer. Il s'imaginait que c'était cela qu'il fallait pour faire émerger le Moi authentique.

Ce que ces étudiants ne réalisaient pas, c'est que la réponse est beaucoup plus simple que ça. Vous êtes toujours votre Moi authentique. Vous n'avez pas besoin de vous reprogrammer : il vous faut juste savoir que c'est vous le programmateur.

Aimez-vous et acceptez-vous complètement. C'est tout. Quand vous le ferez, vous verrez que vous êtes beau, parfait, tel que vous êtes, et qu'il en a toujours été ainsi.

Exercice

Aujourd'hui, prenez simplement conscience que vous êtes parfait. Vous êtes le Moi authentique. Il n'y a rien à chercher, parce que vous l'êtes déjà.

Réinventer la mort

Dans le Rêve de la Planète, la plupart des gens associent à la mort la peur, le vide et la perte. Considérez plutôt qu'à un niveau plus profond, personne ne nous quitte vraiment. La science a montré qu'au niveau atomique, il n'y a jamais eu plus ou moins d'énergie qu'aujourd'hui. L'énergie ne se perd jamais ; par contre, elle change constamment, elle prend d'autres formes. Comme nous sommes pure énergie de vie, le même principe s'applique à nous aussi : nulle partie de nous-mêmes n'est jamais perdue ; elle ne fait que changer de forme.

La traduction spirituelle de cette vérité donne la déclaration suivante, partagée par pratiquement toutes les grandes traditions religieuses : la mort n'est pas la fin.

Exercice

En conscience, rappelez-vous que si les gens peuvent sortir de notre point de perception physique, nul n'est jamais vraiment parti. Leur énergie et leur esprit vivent toujours ; et il en va de même pour vous.

La domestication peut survenir là où vous l'attendez le moins

Les quatre accords toltèques – *Que votre parole soit impeccable, Ne prenez rien personnellement, Ne faites pas de suppositions* et *Faites toujours de votre mieux* – sont de formidables enseignements qui ont changé la face de l'humanité. Mais, en dépit de tous nos efforts, lorsqu'on est dans le monde et qu'on entre en interaction avec autrui, on a parfois du mal à les suivre.

Voilà une astuce : si vous vous accablez en vous disant des choses du genre : « J'en ai fait une affaire personnelle ; je suis nul ! » ou « Ça fait des années que je mène une vie spirituelle, et ma parole n'est toujours pas impeccable : c'est minable ! », vous vous êtes redomestiqué et vous avez fait des accords toltèques de nouvelles conditions au nom desquelles vous vous acceptez ou non.

Nous nous efforçons tous de nous améliorer, et nous faisons immanquablement des erreurs en cours de route. L'important, c'est d'être généreux et optimistes dans nos efforts. Il est dur de sortir de la domestication, mais vous avez entre les mains tous les outils pour y parvenir.

Exercice

Soyez doux avec vous, aujourd'hui. Si vous voyez que vous avez échoué à atteindre tel idéal, contentez-vous d'en prendre note et de vous le pardonner. Faites de l'effort de vous relever une façon d'affirmer votre volonté en vous pardonnant, et reconcentrez votre intention en décidant ce que vous désirez manifester au moyen de votre « intention toltèque ».

TROUVER LA PAIX

Bien que nos points de vue diffèrent, nous émanons tous de la même source. La seule chose qui nous sépare, ce sont notre attachement à notre point de vue et la croyance que les autres devraient le partager. Dès lors, on soumet notre amour pour autrui à diverses conditions, et c'est ainsi qu'apparaissent les conflits.

Quand vous aimez sans condition, peu importe que les autres soient ou non d'accord avec vos croyances. Vous les laissez être comme ils veulent, car vous savez qui vous êtes, ce qui vous permet de respecter toute la création. Il existe un terme pour désigner cet état : la *paix*.

Puissiez-vous être en paix aujourd'hui.

Exercice

Aujourd'hui, efforcez-vous d'aimer les autres et leurs croyances sans condition, surtout quand leurs opinions diffèrent des vôtres. Vous savez bien comment c'est, quand quelqu'un vous écoute et respecte votre opinion sans vous juger ; alors étendez ce sentiment d'ouverture à tous les autres, et voyez comme la paix s'établit en vous.

Faire un vœu

Faire des vœux est une habitude courante dans notre culture. On fait un vœu quand on voit une étoile filante, avant de souffler les bougies de son anniversaire… et on espère tous se voir accorder trois vœux par un génie.

Quand on y regarde de plus près, il n'y a que deux types de vœux : ceux qui font office de supplications et ceux qui sont comme des prières.

Quand un vœu est lourd d'attentes, c'est qu'on s'est attaché à sa réalisation. Animé d'une telle intention, notre vœu n'est qu'une supplication mentale.

En revanche, quand on forme un vœu sans attente, notre intention exprime juste notre envie de quelque chose de bien, que les choses avancent dans la bonne direction. Ce qui nous importe, c'est le potentiel et les possibilités de changement. Un vœu de cette sorte est une prière du cœur.

Cette différence apparemment mineure, au niveau de nos attentes, peut transformer un vœu qui n'est qu'une exigence de l'ego en une demande émanant d'un cœur ouvert. Quand on renonce à toute attente, on se concentre sur les changements positifs, tout en sachant que quoi qu'il arrive, le résultat final sera nécessairement le meilleur.

Exercice

Quand vous vous surprenez à former le vœu que les choses soient différentes, faites de ce vœu-là une prière plutôt qu'une supplique. Renoncez à toute attente quant au résultat, puis détendez-vous et sentez-vous libre d'avoir confiance en l'univers.

Reprendre le contrôle de ses narrateurs

Avez-vous déjà remarqué à quel point vos narrateurs internes se répètent ? Ils n'arrêtent pas de ressasser les mêmes histoires, d'énoncer les mêmes jugements et de débattre de la justesse ou de la fausseté de chacune de vos pensées et de chacun de vos actes : « Ça, c'est bien ; ça, c'est mal ; fais ceci ; ne fais pas ça, etc. »

Quand vous perdez conscience de votre Moi authentique, au beau milieu de ces histoires et de ces commentaires, ce sont alors eux qui finissent par contrôler votre vie. Toutes vos décisions et tous vos actes deviennent automatiques : vous avez abandonné le contrôle de vos pensées à vos narrateurs internes et ils en font ce qu'ils veulent.

Exercice

En conscience, remettez en question les voix de vos narrateurs. Observez la façon dont ils passent et repassent sans cesse les mêmes cassettes audio. Ne serait-il pas temps d'en changer ? Le seul fait de marquer un arrêt pour écouter votre cœur au lieu de vos narrateurs vous aidera à recouvrer le pouvoir de prendre vos propres décisions en conscience, de manière délibérée.

Soyez à l'écoute de vos émotions

Si vos émotions sont uniques et que personne ne peut vous dire ce que vous devriez ressentir, il est néanmoins important de vous rappeler que ce qui déclenche ces sentiments n'est pas forcément réel. Les émotions sont comme les lumières qui s'allument sur le tableau de bord de la voiture : elles nous forcent à être dans l'instant présent et c'est un moyen formidable de découvrir quels sont les accords, les circonstances, les déformations ou les blessures que nos histoires internes essaient de masquer.

Une réaction émotionnelle est une invitation à démasquer quelque chose qui tente de se cacher et à le réévaluer. À l'inverse, vouloir rejeter ses émotions, c'est une tentative de dissimuler ses vieilles blessures.

Exercice

La prochaine fois que vous réagirez émotionnellement à quelque chose, au lieu de le nier ou de tenter de masquer vos émotions, dites-vous : « C'est ma vérité, et je suis en train d'y réagir. » Par cette seule déclaration, vous cessez d'utiliser votre énergie à nier la vérité et vous ouvrez la porte à la guérison et à la libération.

Les deux sortes de bonheur

Je dis souvent que la finalité de tout ce travail, c'est de parvenir à être heureux et à profiter de la vie. Mais quand je regarde le Rêve de la Planète autour de moi, j'y discerne deux types de bonheur : un bonheur réel et un autre, illusoire.

Le bonheur réel se fonde sur la vision de la vérité : il est là chaque fois que vous acceptez le monde tel qu'il est en cet instant. Le bonheur illusoire, c'est quand vous vous entourez d'histoires qui ne sont pas vraies, puis que vous gaspillez toute votre énergie à les défendre pour survivre.

Ça fait une énorme différence, car si vous avez une histoire à défendre, vous devez imposer votre volonté pour y parvenir. En d'autres termes, vous avez besoin que les autres y croient aussi. Et chaque fois que vous vous retrouvez à imposer votre volonté à autrui, vous êtes animé par la peur.

À l'inverse, un bonheur fondé sur la vérité entraîne une vie dépourvue de peurs irrationnelles. Vous êtes heureux de partager ce que vous avez avec les autres, mais vous n'éprouvez pas le besoin de les domestiquer pour les rallier à votre propre point de vue. Vous êtes en sécurité, confiant et en paix.

Exercice

Dans le monde extérieur, les choses peuvent s'effondrer à tout moment, et notamment toutes nos histoires. Mais si votre foi est ancrée dans votre propre centre, aucun changement extérieur n'affectera cette présence consciente que vous êtes. Votre bonheur est vrai. Rappelez-vous cela, et vous pourrez ainsi distinguer la vérité des illusions.

LES BUTS DE L'EGO

Notre ego, le sentiment que nous avons de notre propre importance, s'efforce constamment de se définir aux yeux du monde. Ce qui l'alimente, c'est le besoin d'avoir raison, de gagner et de tout connaître. Chaque fois que vous êtes en train de vous disputer, d'argumenter et de vous disputer avec les autres (et avec vous-même), tout ça pour défendre et préserver vos opinions et vos croyances, c'est le signe que vous vous êtes attaché aux buts de l'ego : c'est désormais lui qui gouverne votre vie. C'est en effet grâce à ces opinions et ces croyances que votre ego a élaboré votre histoire, l'histoire de qui vous êtes, alors il n'est pas étonnant que leur défense provoque d'aussi vives réactions émotionnelles.

L'ego se fonde sur la croyance que nous sommes des entités séparées, déconnectées les unes des autres, et en compétition les unes contre les autres. Mais rien n'est plus éloigné de la vérité. Lorsque vous prenez conscience du degré auquel nous sommes tous reliés les uns aux autres, l'ego ne peut plus vous contrôler. La fonction de l'ego, c'est de garder cette illusion en vie.

Exercice

En conscience, aujourd'hui, prenez note des moments où vous vous sentez poussé à dominer votre entourage, par des moyens agressifs ou passifs-agressifs. Quand cela arrive, c'est que votre ego contrôle votre vie. Rappelez-vous que vous n'êtes pas en compétition avec autrui ; nous sommes tous reliés et personne ne mérite d'être dominé : ni vous ni personne d'autre dans votre vie.

Se poser des questions

On sait que les enfants n'arrêtent pas de demander : « C'est quoi, ça ? », « C'est qui, lui ? », « Pourquoi on fait les choses comme ça ? », etc. Mais en devenant adultes, nous sommes nombreux à nous poser de moins en moins de questions. Nous croyons déjà « connaître » les réponses.

Un esprit qui cesse de se poser des questions cesse aussi de se développer. Donc c'est une bonne chose que de se poser des questions. Sitôt que l'on remet en question ce que l'on croit savoir, l'expansion de la conscience reprend.

Exercice

Quand une croyance vous vient à l'esprit, aujourd'hui, demandez-vous : « Est-ce vrai ? » Le seul fait de vous poser la question peut déclencher en vous un moment de clarté qui vous permettra de discerner une vérité nouvelle.

Les reproches

Quand vous pointez un doigt accusateur en direction d'autrui, il se produit deux choses. Premièrement, vous vous retrouvez prisonnier d'un état d'esprit comportant à la fois des accusations et leur contrepartie, à savoir un esprit défensif. Accuser les autres bloque votre énergie : cela génère une pensée circulaire, à mesure que vous justifiez votre version de l'histoire, votre position, votre « droit » de vous estimer victime de l'autre. À court terme, ça peut vous donner l'impression convaincante de vous soulager d'une partie de votre fardeau, mais à long terme, c'est épuisant et improductif.

Deuxièmement, vous rendez les autres responsables de votre bonheur. Or d'une part ce n'est pas le genre de responsabilité dont les autres ont envie, d'autre part ce n'est pas très raisonnable d'exiger cela d'eux. Faire dépendre votre bonheur du comportement d'autrui, c'est vous engager dans une impasse. En gros, ce que vous dites, c'est : « Quand untel aura changé, j'irai mieux. »

Quand vous renoncez à faire des reproches aux autres et que vous assumez la responsabilité de vos actes et de vos réactions, vous êtes libre de faire un choix, avec un point de vue neuf. Vous

vous sentirez plus léger, une fois que vous aurez rejeté votre vieux manteau tissé de reproches, et vous pourrez vous avancer dans la lumière de la conscience de soi et de l'évolution personnelle.

Exercice

Imaginez que votre monde soit dépourvu de reproches et d'accusations ; plus de doigt accusateur, plus de jugement quant à ce qu'autrui aurait dû faire ou ne pas faire. En quoi cela modifierait-il votre perspective ? Quelles actions nouvelles entreprendriez-vous si les reproches disparaissaient totalement de votre être ?

En conscience, décidez de passer aujourd'hui une journée sans reproches.

Percevoir les choses comme elles sont

Quand on vit en conscience, on répond intelligemment à toutes les situations qui se présentent. Mais sitôt qu'on perd cette conscience, on se laisse absorber par les « mille et une choses » qui se passent autour de nous et par les voix de nos narrateurs internes ; et quand arrivent les épreuves, on *réagit* au lieu d'*agir*.

On pourrait dire qu'être conscient, c'est simplement être en communion avec le monde qui nous entoure, sans que la connaissance fasse office de filtre et déforme notre perception du monde. La conscience vous permet de percevoir votre environnement tel qu'il est, sans y projeter vos préjugés, vos jugements et vos illusions.

Exercice

Durant la journée, rappelez-vous de fixer votre attention sur la puissance qui est en vous. Ainsi, vous resterez ancré et calme. Lorsqu'un défi ou une épreuve se présentera, vous aurez beaucoup plus de chances d'agir que de réagir.

Aimer sans condition

S'attacher, c'est prendre quelque chose d'extérieur et le confondre avec la puissance qui réside en soi. Quand vous vous ligotez à une idée ou à la croyance que telle chose est « nécessaire » pour que vous soyez heureux, vous pouvez en conclure que vous vous y êtes attaché.

La forme d'attachement la plus forte est celle que provoque la déclaration consciente ou inconsciente que « ceci m'est nécessaire, pour que je puisse m'aimer ou m'accepter ». Ce faisant, vous faites de votre amour pour vous quelque chose de conditionnel, puisque vous venez de créer une exigence à satisfaire pour être heureux.

Exercice

Rappelez-vous aujourd'hui que la puissance de la vie est en vous, et que vous n'avez besoin de rien d'autre pour connaître la plénitude. Vous êtes parfait comme vous êtes. Aimez-vous simplement parce que vous êtes.

Découvrir l'harmonie

Toutes les religions et les traditions spirituelles du monde ont un nom pour désigner le moment où vous réalisez qu'il n'existe rien d'autre que l'harmonie. Dans la tradition toltèque, on appelle cela être en communion constante avec notre Créateur. La seule chose qui nous sépare les uns des autres, c'est notre point de perception ; ensemble, nous formons un tout.

Exercice

Aujourd'hui, regardez chaque personne comme une manifestation unique de la seule et même Vie.

Prenez conscience de votre langage

«Ce n'est pas juste!»
«Pourquoi moi?»
«Je ne mérite pas ça!»

La plupart d'entre nous ont dit ce genre de choses à un moment ou un autre, sans réaliser quel est véritablement leur impact.

Quand vous utilisez des mots et des phrases de ce genre, vous éprouvez ensuite du ressentiment et vous vous sentez victime. Au lieu d'avoir l'impression d'avoir le choix, dans la vie, vous vous sentez prisonnier et impuissant. Avec un tel état d'esprit, la vie devient une lutte et non une joie.

En développant votre conscience, vous prenez conscience que les mots que vous choisissez ont un énorme impact sur votre manière de voir le monde. Prenez conscience des mots que vous vous répétez dans votre tête et de ceux qui sortent de votre bouche, et vous pourrez ainsi choisir ceux qui vous servent le mieux.

Exercice

Le chasseur toltèque apprend à surveiller les mots qu'il choisit, et il renonce à tout langage qui le sabote et le prive de son énergie. En conscience, aujourd'hui, prenez note de vos propos inadéquats qui gaspillent votre pouvoir. Rappelez-vous que vous avez toujours le choix.

LAISSEZ TOMBER VOS HISTOIRES

Vous avez peut-être déjà joué à ce jeu où l'on regarde des gens sur une place publique, dans un restaurant ou ailleurs, et où l'on s'invente des histoires sur qui ils sont, ce qu'ils font et d'où ils viennent. Si ce jeu peut être assez amusant, le problème, c'est que la plupart d'entre nous en vivent une version bien réelle en permanence : nous éprouvons tous un besoin inné de décrire ce qui se déroule sous nos yeux.

Sitôt que nous rencontrons quelqu'un, nous projetons une histoire sur lui en fonction du regard que nous portons sur le monde et de notre propre système de croyances. Toutes ces petites histoires que nous forgeons ne sont, au final, que des suppositions et elles font obstacle à notre capacité à voir les choses telles qu'elles sont vraiment, sans aucun attachement.

Exercice

Aujourd'hui, quand vous serez en interaction avec autrui, prenez conscience de toutes les petites suppositions que vous faites à propos des gens. Remarquez combien ces jugements sont courants. Puis efforcez-vous de regarder les gens autour de vous, sans émettre de jugement ni inventer d'histoire. Chaque fois qu'un jugement ou une étiquette vous vient à l'esprit, prenez-en note, puis rappelez-vous que vous n'êtes pas obligé d'y croire.

La vérité ou l'illusion

Chaque fois que je suis contrarié, je peux être sûr que vient d'être mise à l'épreuve une chose que je croyais vraie. Je regarde en moi quel accord est en jeu et je me pose la question : « Est-il fondé sur la vérité ou sur une illusion ? » Si je suis attaché à cet accord, je vais dépenser beaucoup d'énergie pour le garder en vie. Mais si je dois faire tant d'efforts pour garder une idée ou une croyance en vie, c'est qu'elle n'est pas bien solide, n'est-ce pas ?

La prochaine fois que vous aurez l'impression que l'une de vos opinions ou de vos valeurs est remise en question, prenez un moment pour identifier l'accord que vous avez conclu pour consolider cette idée. Pour garder votre opinion, êtes-vous contraint d'ignorer ou de critiquer l'opinion d'autrui, ou encore de négliger de nouvelles informations qui vous sont parvenues ? Demandez-vous quel est votre degré d'attachement à vos vérités ; peut-être êtes-vous en train de compromettre votre véritable vérité pour préserver le *statu quo*.

Exercice

En conscience, dites-vous : « En tant que chasseur toltèque, je prendrai note des moments où j'entre en conflit, afin de discerner l'illusion à laquelle j'essaie de m'accrocher. Une fois que je l'aurai reconnue, je m'engage à m'en défaire avec grâce et fluidité. »

Les transitions

Quelles sont les premières choses auxquelles vous pensez quand vous ouvrez les yeux, le matin ? Et les dernières, avant de vous endormir ? Dans la tradition toltèque, on prête une grande attention aux transitions entre la veille et le sommeil, car ce sont des moments idéaux dans lesquels infuser plus de conscience, pour avoir ensuite plus de choix.

Vos pensées au réveil et à l'endormissement sont-elles agréables ? Ou votre esprit rumine-t-il ses soucis, ses problèmes et ses questionnements ? Rappelez-vous que vous n'avez pas à être le témoin impuissant de la tyrannie de votre mental. En prenant conscience de vos pensées, dans cet espace de transition, vous pouvez déterminer la tonalité que vous voulez imprimer à votre journée ou à votre nuit.

Exercice

Réfléchissez quelques minutes aux pensées qui vous habitaient ce matin à votre réveil. Rappelez-vous que vous êtes un artiste. Vos pensées sont-elles bien l'œuvre d'art avec laquelle vous voulez commencer et conclure chaque journée ? Avant d'aller au lit, ce soir, remplissez-vous de pensées de gratitude, pensez à ce que vous aimez dans la vie et à ce dont vous vous réjouissez pour demain.

Changez de ton

Notre narrateur intérieur n'arrête pas d'interpréter le monde, de filtrer nos expériences et nos perceptions, avant de les caser avec ce que nous connaissons déjà.

Ce narrateur peut être un parasite ou un allié. Par exemple, si je me regarde dans le miroir et que je prête attention à mes pensées, je pourrais me dire : « Miguel, tu es gros, tu es moche, il faut absolument que tu perdes du poids ! » Dans ce cas, mon narrateur se comporte en parasite et tente de m'imposer une domestication et un amour conditionnel.

Si, par contre, debout devant la glace, j'entends : « Miguel, je t'aime beaucoup : tu devrais peut-être perdre quelques kilos pour être en meilleure forme », alors mon narrateur est mon allié. J'entends mes pensées sans le moindre jugement, sans aucune justification, et je me dis : « C'est bien moi, et j'aime ça. »

Exercice

Allez tout de suite devant un miroir, regardez-vous dans les yeux et dites-vous : « C'est bien moi, et j'aime ça ! »

Élargissez vos horizons

Si la vie a parfaitement le droit de dire non à ce que nous entreprenons, il est trop fréquent de se dire non à soi-même, le premier, en pensant des choses telles que : « Je ne suis pas à la hauteur » ou « je n'y arriverai jamais ».

En agissant ainsi, nous nous jugeons et nous rejetons avant même que la vie ait eu l'occasion de faire un choix. Ce rejet de soi nous empêche de vivre la vie de nos rêves et nous enferme dans nos désillusions.

Pour en sortir, il faut nous aimer sans condition. C'est ce qui nous donnera l'occasion de découvrir le plus grand amour de toute notre vie : nous-mêmes. Cet amour-là ne se fonde pas sur la fausse image de l'ego, mais sur une véritable acceptation de soi, tel qu'on est dans l'instant.

Ainsi nous faisons preuve de respect envers nous-mêmes, en étant disposés à essayer des choses nouvelles. Lorsque la vie nous dit non, comme cela arrive immanquablement parfois, nous respectons aussi ce choix, sans pour autant nous juger. Mais qui sait ? La vie pourrait bien nous dire oui !

Exercice

En conscience, essayez-vous à quelque chose qui sorte des limites habituelles que vous vous êtes imposées. Soyez optimiste et faites de votre mieux. La vie se chargera du reste.

Comprendre la connaissance

Notre mental a besoin de nommer, décrire et comprendre les choses qui nous arrivent. On appelle « connaissance » le résultat de ce processus : cela nous aide à comprendre le monde et l'univers, ainsi qu'à communiquer nos idées aux autres, à mesure que nous créons ensemble le Rêve de la Planète. S'agissant maintenant de se comprendre soi-même, la connaissance est de peu d'utilité. Vous pouvez affirmer des choses comme : « Je suis un médecin, un père, un mari, un étudiant », mais ces termes ne font que décrire des rôles que vous jouez ; ils ne disent rien de ce que vous êtes véritablement, car vous êtes tellement plus qu'un symbole.

Exercice

Posez-vous la question la plus importante de toutes : « Qui suis-je ? »

En réponse, rappelez-vous ceci : vous n'êtes pas votre métier, ni le rôle que vous jouez en relation avec telle personne, ni la fonction que vous rêvez d'assumer. Vous êtes ce que vous êtes au centre de votre être. La réponse à cette question est au-delà de toute connaissance et ne peut s'exprimer avec des mots. Méditez là-dessus aujourd'hui.

Les habitudes

Parfois, nous avons des habitudes qui nous nuisent, mais que nous continuons néanmoins de cultiver. En général, c'est parce que cette façon d'agir nous procure sans doute aussi un peu de réconfort. Être honnête avec soi, à ce propos, nous permettra de savoir si nous voulons vraiment modifier cette habitude ou pas.

Si l'on étudie profondément et honnêtement les habitudes dont on a du mal à se défaire, il arrivera l'une ou l'autre des deux options suivantes : soit nous verrons clairement que cette habitude ne nous fait pas du bien, au fond, et nous parviendrons ainsi à la transformer beaucoup plus facilement ; soit nous découvrirons que nous essayons de mettre fin à cette habitude parce que notre domestication nous a fait croire qu'elle était mauvaise, mais qu'en réalité ce n'est pas ainsi que nous voyons les choses de notre côté. Dans cette deuxième hypothèse, nous renouvellerons notre accord, et notre habitude se muera alors en « pratique délibérée ».

Dans les deux cas, c'est la conscience qui est la clé.

Exercice

En prenant conscience de nos véritables sentiments à l'égard de telle ou telle habitude, nous recouvrons quelque chose de très important : notre capacité à faire un choix, à dire à nouveau oui ou non. La clé pour connaître ce qui est vraiment vrai pour vous, c'est de vous aimer sans condition.

Se libérer des attentes d'autrui

Nous sommes nombreux à avoir passé des années à nous forger des histoires à notre sujet sur la base des opinions et des attentes d'autrui, avant de nous démener comme de beaux diables pour arriver à nous montrer à la hauteur de ces fausses images auxquelles nous avons donné notre accord.

Mais un jour vous arrivez au stade où vous vous dites : « Voilà qui je suis : et je n'ai pas besoin d'histoires. » À ce stade-là, vous voyez votre perfection inhérente, et cette prise de conscience est tout ce dont vous avez besoin pour profiter de la vie. À partir de cette nouvelle perspective, vous pouvez orienter votre vie dans n'importe quelle direction, puisque vous avez de nouveau la liberté de choisir. Vous avez cessé de vouloir vous montrer à la hauteur des attentes et des croyances d'autrui.

Par conséquent, vous ne changez pas sous prétexte que c'est nécessaire pour vous aimer et vous accepter ; vous changez par amour pour vous, pour vous exprimer davantage et jouir encore plus de la vie, parce que vous savez que vous n'avez rien à faire, rien à atteindre pour vous accepter : vous êtes parfait comme vous êtes.

Exercice

Pensez à apprécier votre perfection, aujourd'hui. Vous êtes parfait ; vous êtes la Vie.

L'écoute intérieure

Prendre du temps pour soi chaque jour est aussi important que se brosser les dents ou se peigner les cheveux. Pour que vous soyez à votre niveau optimum, accordez-vous un temps et un lieu où simplement être, sans échéances, sans distractions ni interruptions. Si vous ne vous consacrez pas assez de temps, vous risquez de devenir irritable, d'être fatigué, voire d'aboutir au burnout.

La conscience exige de la présence, et la présence passe par l'écoute intérieure. L'écoute intérieure est quelque chose qui s'apprend et se pratique plus facilement au calme. Une fois que vous aurez découvert le rythme de l'écoute intérieure, elle s'intégrera à chacun de vos instants, peu importe le degré de bruit ou d'agitation autour de vous.

Exercice

Fermez les yeux maintenant et restez calme une minute, à écouter le silence intérieur… et à respirer.

Vivre dans le passé

La joie de l'instant présent peut facilement se faire engloutir par les souvenirs du passé. Si vous ne vous libérez pas de votre passé, vous le traînez partout avec vous. Tout ce que vous voyez est filtré par les endroits où vous êtes déjà allé, plutôt que par celui où vous êtes maintenant ou celui où vous voulez vous rendre.

Parmi les fardeaux les plus lourds que nous portions, beaucoup sont liés à nos relations passées. Par exemple, quand vous pensez à l'un(e) de vos ex, éprouvez-vous un sentiment d'espace et de fluidité, ou est-ce que votre plexus se noue et votre mental se met en surrégime ?

Pour se libérer du passé, il faut se libérer du besoin d'avoir raison. Quand vous dites au revoir au passé, avec légèreté et clarté, vous êtes en bien meilleure posture pour vous forger un futur lumineux.

Exercice

En pensée, adressez une bénédiction à votre ex-femme, ex-mari, ex-patron ou ex-propriétaire. Pensez à tout ce dont vous êtes reconnaissant(e) dans ce que vous avez vécu avec eux, et libérez-vous de tout le reste. En conscience, décidez de passer une journée de pardon et de gratitude.

TROUVEZ L'ORIGINE DE VOS JUGEMENTS

Chaque fois qu'on ne se montre pas à la hauteur de nos propres exigences, de nos propres critères de « succès », notre juge intérieur dit des choses du genre : « Tu as échoué » ou « Tu n'es pas à la hauteur ».

En outre, d'autres personnes qui éprouvent le besoin d'imposer leurs exigences viennent renforcer nos propres jugements contre nous-mêmes. En étant d'accord avec eux, nous nous refusons un véritable amour de soi inconditionnel. En développant votre conscience, rendez-vous compte que ces jugements n'ont que la force que vous leur donnez en y croyant.

La bonne nouvelle, c'est qu'un seul petit pas suffit pour se libérer. Dès qu'on remet en question ses croyances, les murs de soutien sur lesquels s'appuient nos jugements commencent à s'effondrer.

Exercice

Posez-vous les questions :

- D'où me viennent les jugements que je porte contre moi ?
- Pourquoi suis-je si dur avec moi-même ?

• Pourquoi devrais-je être d'accord avec la façon dont autrui veut m'assujettir ?

Aujourd'hui, rappelez-vous que vous êtes une création parfaite de l'Univers et qu'il n'existe personne d'autre qui soit exactement comme vous ! Alors aimez-vous tel(le) que vous êtes.

Le deuxième accord toltèque

> Ne prenez rien personnellement. Rien de ce que font les autres n'est de votre faute. Cela vient d'eux. Chacun vit dans son rêve, dans sa tête ; chacun se trouve dans un monde totalement différent du nôtre. Quand on prend quelque chose personnellement, on fait la supposition que l'autre connaît ce qu'il y a dans notre monde, et on s'efforce alors de lui imposer ce monde qui est le nôtre.
>
> — Don Miguel Ruiz, *Les Quatre Accords toltèques*

Beaucoup de personnes m'ont dit que, de tous les accords toltèques de mon père, le second – *Quoi qu'il arrive, n'en faites pas une affaire personnelle* – est le plus difficile à mettre en pratique.

Pour vous aider, dites-vous que tous les gens – moi, vous, tout le monde – ne perçoivent le monde que par l'intermédiaire de leurs propres sens et que, par définition, il est impossible qu'on ait exactement la même expérience qu'un autre. On peut s'habiller de la même manière, parler la même langue, il n'en demeure pas moins que chacun de nous a une perception différente et qu'aucun point de vue ne sera jamais exactement identique à un autre.

Ce n'est que par l'imagination que l'on peut voir le monde à travers le regard d'un autre.

Exercice

En conscience, rendez-vous compte qu'il est impossible pour quiconque de penser ou de ressentir les choses exactement comme vous, puisque vos pensées et vos sentiments sont par définition éminemment individuels. Par conséquent, il vous est impossible de connaître le vécu d'un autre, puisque vous n'êtes pas lui. Rappelez-vous-en, et vous parviendrez mieux à ne pas prendre les choses personnellement, ce qui vous permettra de faire preuve de compassion.

Le respect

Peu importe tout ce que je peux dire à mes propres enfants, ils apprendront le respect en regardant comment je les traite, comment je traite les autres et – plus encore – comment je me traite moi-même.

Le respect signifie honorer les choix d'autrui. Honorer leurs oui et leurs non. Le respect et l'amour inconditionnel vont main dans la main ; on ne peut avoir l'un sans l'autre. Et comme l'amour, le respect est contagieux.

Exercice

Pour enseigner l'amour et le respect aux autres, il faut le mettre en pratique soi-même à chaque instant. À chacune de vos rencontres avec autrui, posez-vous la question : « Est-ce que je témoigne du respect à cette personne ? »

En conscience, aujourd'hui, rappelez-vous que l'exemple que vous donnez passe par vos actes. Enseignez l'amour et le respect à votre prochain en l'honorant, lui et ses choix.

Briser le cycle de l'autoflagellation

Nous sommes nombreux à croire qu'on ne peut atteindre la perfection qu'en se dévouant et en travaillant dur. Un grand nombre de messages du Rêve de la Planète soutiennent d'ailleurs cette croyance. S'il n'y a rien de mal à vouloir faire de son mieux, bien sûr, aussi longtemps que notre bonheur et notre auto-approbation dépendront de la réalisation de la perfection, nous compromettrons notre bien-être.

Avec cette attitude, si nous arrivons effectivement à atteindre la perfection l'espace d'un instant, nous nous récompensons en nous autorisant à nous aimer. Puis nous utilisons cet amour de soi comme motivation à maintenir cette vision déformée de la perfection dans le futur. Quand vient la fatigue ou que nous avons besoin d'une pause, nous nous jugeons sévèrement pour cela. C'est un cercle vicieux et, à force, nous perdons tout recul et nos efforts finissent par devenir contre-productifs.

Exercice

S'améliorer, tenter de faire mieux, c'est merveilleux. Mais soyez attentif au moment où vous vous en demandez trop et où vous conditionnez votre amour pour vous à l'accomplissement de tel ou tel but. À ce stade-là, quoi que vous essayiez d'atteindre, ce sera contre-productif. Rappelez-vous que vous ne pouvez pas atteindre la perfection, parce que vous y êtes déjà.

Retrouver l'harmonie

Si j'adore passer du temps avec d'autres personnes, j'aime aussi beaucoup être seul et profiter de mon Rêve Personnel. Et c'est une bonne nouvelle ! Parce que si je n'aimais pas être seul avec moi-même, ça rendrait ma vie difficile, car je suis bien le seul à être tout le temps avec moi.

Dans les moments où vous êtes seul et où vous souffrez, prenez conscience que c'est vous qui provoquez ça (il n'y a personne d'autre dans la pièce !). Quelles que soient les raisons que votre mental trouve à votre souffrance, la cause sous-jacente est une dysharmonie avec votre Rêve Personnel.

Comment pouvez-vous retrouver l'harmonie ? Vous pouvez par exemple vous adonner à des choses qui vous rendent heureux et qui vous font apprécier la vie. Dit d'une autre façon, faites ce que vous aimez : c'est le chemin qui vous sortira le plus rapidement de votre souffrance.

Rappelez-vous que c'est la finalité de tout ce travail sur soi : profiter de la vie. Et pour cela, il faut commencer par apprendre à profiter de votre relation à vous-même.

Exercice

Passez un peu de temps seul avec vous-même, aujourd'hui, à faire ce que vous aimez. Observez comment cela donne au restant de votre journée les couleurs du bonheur.

Un nouveau départ

Imaginez vos relations les plus importantes. Est-ce que vous aimez ces gens pour ce qu'ils sont vraiment, ou plutôt pour ce que vous *pensez* d'eux ? La différence est énorme : il y a carrément un océan entre les deux.

Dans le premier cas, vous avez effectivement une relation avec quelqu'un qui vous est proche, une relation fondée sur l'amour inconditionnel et le respect.

Dans le second, pas du tout : vous dansez seul avec vous-même, vous imposez une image à l'autre, sans jamais le voir tel qu'il est vraiment.

Les grandes déceptions et les gros chagrins surviennent quand vous vous rendez compte que l'histoire que vous vous racontiez à propos d'untel que vous prétendiez aimer n'était que ça : une histoire. Lorsque la vérité se manifeste, toute l'histoire s'effondre subitement.

En même temps, aussi douloureuse soit-elle, cette vérité est aussi une formidable occasion de croissance relationnelle, puisque vous êtes maintenant disposé à voir cette personne telle qu'elle est.

Exercice

Une déception ou une grosse peine de cœur ne doivent pas nécessairement impliquer la fin d'une relation. Elles peuvent être l'occasion d'un nouveau départ, en prenant appui sur l'amour inconditionnel, le respect et la vérité. En conscience, rappelez-vous que ce n'est qu'en acceptant de vous voir comme vous êtes que vous serez disposé à voir aussi les autres tels qu'ils sont.

Le pouvoir de votre mental

Le mental humain est un outil merveilleux, une véritable usine à fabriquer des pensées. Il nous a permis de créer des structures extraordinaires et de développer une technologie étonnante, au fil des siècles.

Mais si la conscience fait défaut, le mental peut prendre plus de pouvoir qu'on ne le souhaite et absorber toute notre attention. Si on le laisse faire, il va constamment raconter des histoires, commenter tout ce que nous disons, faisons, voyons, sentons, goûtons, touchons ou entendons. C'est comme quand on prend une gorgée de vin et qu'on se met à dire : « Il est un peu sec ; il a bien vieilli, c'est sûr, mais on sent l'écorce. J'ai déjà goûté meilleur. » Au lieu de simplement jouir des arômes de ce vin, on commence à les analyser, à essayer d'en distinguer les composantes, pour pouvoir les faire entrer dans les cases et les mots que nous connaissons déjà. Ce faisant, nous passons à côté d'une grande partie de cette expérience.

Cela illustre la manière dont le mental peut passer son temps à raconter notre vie, à coup de comparaisons, d'explications et de jugements. Au lieu de vivre l'expérience pour ce qu'elle est, on en fait une histoire qui puisse cadrer avec nos croyances.

Exercice

Votre mental est un outil merveilleux, mais il faut savoir en équilibrer l'usage pour éviter que ce ne soit lui qui vous utilise. Au fil de la journée, soyez conscient et efforcez-vous de vivre chaque instant à neuf, en renonçant à la tentation de raconter votre expérience sur le moment et d'énoncer des jugements.

La jalousie et l'envie

Quand la jalousie ou l'envie nous prennent, c'est comme un raz-de-marée qui s'abat sur nous et révèle la boue de nos peurs, de nos insécurités et de nos attachements. À l'origine de ces deux sentiments, il y a toujours une comparaison mentale aboutissant à l'idée que nous ne valons rien ou que nous ne possédons pas encore assez de choses. Si nous n'y prenons pas garde, des attaques plus subtiles de jalousie ou d'envie peuvent se manifester quand nous passons des accords avec les messages de la société dont nous sommes continuellement bombardés chaque jour.

Enclenchez la télévision, la radio ou votre ordinateur, et vous ne tarderez pas à entendre un message vous disant que d'une manière ou d'une autre – au niveau de votre silhouette, de votre forme physique ou que sais-je – vous n'êtes pas à la hauteur.

Exercice

En conscience, rendez-vous compte que chaque fois que vous éprouvez de la jalousie ou de l'envie pour autrui, ce sentiment cache un accord selon lequel « vous n'êtes pas à la hauteur ». Rien n'est plus éloigné de la vérité. Vous êtes un être complet, total et parfait ; l'Univers tout entier réside en vous.

La vie est un film : 1re partie

Imaginez que vous êtes dans une salle obscure de cinéma : sur l'écran, vous visionnez le film de votre vie. Vous êtes pris par le suspense, les émotions, les moments tendres, et soudain vous avez une prise de conscience : depuis quelques heures, vous aviez complètement oublié que vous regardiez un film ! Vous étiez à ce point captivé, pris par le récit, que vous en aviez perdu de vue la réalité : vous croyiez que vous étiez dans le film !

Exercice

Rappelez-vous que vous n'êtes pas les événements et les incidents qui ponctuent votre vie. Vous êtes bien plus que cela. Les choses, les situations et les événements défileront dans votre vie, mais vous resterez le même. Se rappeler que la vie est pareille à un film, c'est la même chose que préserver et maintenir sa conscience.

La vie est un film : 2e partie

Imaginez à nouveau que vous êtes au cinéma, sauf que cette fois vous sortez de la salle où vous regardiez votre film pour passer dans celle d'à côté. Là, une amie à vous regarde son film à elle, sans se rendre compte que vous êtes là. Son film vous semble familier, mais ce n'est pas le vôtre. D'ailleurs, à y regarder de plus près, vous réalisez que ce film n'a rien à voir avec vous. C'est celui de votre amie et, dans son film à elle, elle est totalement différente de ce qu'elle est dans votre film à vous.

Vous vous mettez à sauter, à crier et à hurler pour la réveiller, mais elle est complètement hypnotisée : elle ne vous remarque même pas. Au final, vous vous rendez compte que vous n'avez pas la moindre influence sur elle ! C'est totalement son film à elle.

Exercice

Vous n'arrêtez pas de projeter votre propre version de la réalité, et vous êtes seul responsable de votre propre Rêve Personnel. Chaque choix que vous faites, chaque acte que vous posez n'appartient qu'à vous. Chaque fois que vous pensez autrement, vous vous illusionnez.

La culpabilité

Si la culpabilité a la moindre utilité, c'est juste de vous faire savoir que vous avez transgressé votre propre code moral. Quand vous êtes conscient, la culpabilité n'est qu'un petit coup de pouce qui vous aide à retrouver et à conserver votre intégrité.

Malheureusement, pour la plupart d'entre nous, la culpabilité ressemble plutôt à un marteau de forgeron dont on se sert pour se punir. Chaque fois qu'on se punit ainsi pour un « crime » passé qu'on juge impardonnable, c'est par définition comme si on venait tout juste de se dissocier de son amour et de son acceptation propres.

La bonne nouvelle, c'est que rien de ce que vous avez fait n'est jamais impardonnable. Car il n'existe rien d'impardonnable.

Exercice

Quand vous repassez le film de votre vie à l'envers, lesquels de vos actes passés retenez-vous contre vous-même ? Allez devant le miroir et dites à haute voix : « Je te pardonne. Tu as fait du mieux que tu pouvais, à l'époque. » En conscience, réalisez que la culpabilité est un lourd fardeau que vous n'avez plus à porter.

Se défaire de ses images

Quand on est en public et qu'on a envie de trouver sa place et d'être accepté, il nous arrive souvent de présenter une image de nous-mêmes que nous pensons apte à plaire aux autres. Cette image reflète ce que nous nous imaginons devoir être et la manière dont nous croyons devoir nous comporter. Sauf qu'en réalité, cette image n'existe que dans notre tête. Vouloir nous y conformer ne peut engendrer que des souffrances.

C'est ça le problème, quand on court après une image : elle est illusoire et ne peut donc que nous éloigner de la vérité de qui nous sommes.

Comme le disait Jésus, dans l'Évangile de Thomas : « Lorsque vous aurez ôté tous vos vêtements et que vous les piétinerez, alors vous connaîtrez le Paradis sur Terre. » Ce n'est pas littéralement de nos habits dont parlait Jésus, mais de ces images que nous créons et dont nous nous parons.

Exercice

Soyez attentif aux moments où vous vous présentez aux autres d'une manière qui n'est pas conforme à ce que vous êtes vraiment. Bien que vous puissiez toujours faire ce choix-là, surtout si c'est dans l'intérêt d'autrui, l'important c'est d'avoir conscience que c'est bien votre choix. Quand cela n'est dans l'intérêt de personne, laissez tomber cette image et soyez juste qui vous êtes.

Identifiez votre fanatisme à vous

> Le fanatisme décrit un attachement rigide à la connaissance, doublé d'une intolérance absolue pour toute autre vision des choses. Ce qui l'anime, c'est le besoin de croire en une chose à cent pour cent (...). Tout ce qui contredit ou remet en question la poursuite de cette croyance est une menace directe, or un fanatique défend ses croyances à n'importe quel prix. Les préjugés, l'intolérance et la violence sont les instruments grâce auxquels cette croyance s'impose dans le Rêve de la Planète.
>
> Malgré les apparences, ce qui anime véritablement le fanatisme, ce ne sont ni la haine ni la colère, mais plutôt une forme extrême d'amour conditionnel envers soi-même et envers autrui. Voilà comment toute croyance, aussi belle soit-elle, peut sombrer dans la corruption, à mesure que la connaissance contrôle la volonté de l'individu pour préserver sa propre existence.
>
> — *Les Cinq Niveaux d'attachement*

Quand notre niveau d'attachement à une croyance augmente, la question : « Qui sommes-nous ? » se retrouve étroitement liée à « que savons-nous ? ». Au niveau d'attachement maximal – le fanatisme –, chaque décision que nous prenons est le fruit de nos croyances. Nous avons perdu toute capacité à faire un choix.

Exercice

Aujourd'hui, regardez en vous et voyez quand et où vous avez agi en fanatique. Quand vous identifiez le fanatisme chez les autres, rappelez-vous que ces gens-là ne sont pas méchants : ils sont juste dans un état de confusion, dû à leur attachement extrême à une idéologie.

La créativité :
un catalyseur de changement

Bien que chacun de nous crée son Rêve Personnel à chaque instant, nous sommes nombreux à être prisonniers de la même routine quotidienne. Par exemple, on se réveille chaque matin à la même heure, on se brosse les dents de la même manière, on prend son café de la même façon, on roule sur la même route pour se rendre au travail, et ainsi de suite.

Quand on prend conscience de toutes les actions répétitives qui ponctuent la journée, le plus souvent sans conscience, il est facile de comprendre du même coup pourquoi des changements de plus grande envergure – adopter de nouvelles pensées et de nouvelles croyances, comme l'amour inconditionnel et l'acceptation de soi – peuvent se révéler si difficiles. Le seul fait d'entreprendre des petits changements dans votre routine quotidienne peut vous aider à vous rappeler que c'est vous qui choisissez quelle vie vous vivez et qui en êtes le magnifique créateur.

La créativité vient tout naturellement sitôt qu'on vit en conscience.

Exercice

Si vous voulez suivre un nouveau chemin de transformation, vous devez être prêt à tracer de nouvelles pistes. Ignorez l'appel du chemin le plus fréquenté et mettez-vous en quête de nouvelles possibilités et visions. En conscience, invoquez le génie de votre créativité et de votre esprit ludique, et faites quelque chose de nouveau, aujourd'hui.

Donner la permission

Un autre ne peut vous assujettir que si vous lui en donnez la permission. Si quelqu'un vous insulte, vous crie dessus ou médit de vous, vous pouvez rester là à l'écouter sans que cela vous affecte, car l'opinion d'autrui ne peut vous toucher qu'avec votre permission. Et vous la donnez sitôt que vous croyez aux propos des autres et que vous êtes d'accord avec leurs jugements.

Par conséquent, vous ne vous soumettez à autrui que lorsque vous doutez de vous, que vous en oubliez votre pouvoir intérieur et que vous laissez des croyances imposées de l'extérieur prendre le contrôle de votre intention.

Je ne suis pas opprimé, aujourd'hui, parce que je ne donne à personne la permission de m'opprimer. Je n'ai besoin de l'approbation de personne pour m'exprimer, aujourd'hui, car l'amour inconditionnel que j'ai pour moi reflète la puissance de mon intention, source de ma foi en moi.

Je suis digne de ma propre liberté, et il en va de même pour vous.

Exercice

En conscience, rappelez-vous qu'aucun jugement, aucune insulte n'a de pouvoir sur vous, sauf si vous lui en donnez la permission.

Honorez votre corps

Mon père me disait toujours : « L'amour est l'équilibre parfait entre la gratitude et la générosité. »

Honorer son propre corps est un moyen de renforcer l'amour qu'on a pour soi. C'est en commençant par accepter notre propre apparence physique en cet instant que nous pouvons dire merci à notre corps. Celui-ci est le véhicule qui nous permet de percevoir et de créer dans le Rêve de la Planète ; même quand nous sommes malades ou blessés, il continue de nous servir.

Nous aurons ce corps-là pendant toute la durée de notre vie, et il ne cessera de changer et d'évoluer. Il est parfait, parce qu'il est vivant, et c'est à travers ce corps que nous exprimons notre intention, durant toute notre existence.

Exercice

On ne peut pas donner ce que l'on n'a pas : faire preuve d'une dose équilibrée de gratitude et de générosité envers notre corps nous permet de partager notre amour avec tout le monde. Soyez généreux envers votre corps ; nourrissez-le, prenez soin de lui, accordez-lui du repos et renforcez-le. Votre corps est parfait comme il est, en cet instant, en dépit des narrateurs intérieurs qui prétendent le contraire.

Faites une évaluation de vos croyances

C'est notre point de vue, notre perception, qui crée notre réalité. Quand on s'attache à des croyances, notre réalité se rigidifie, elle devient stagnante et oppressante.

Comme pour bon nombre de choses dans la vie, on distingue cette rigidité bien mieux chez autrui que chez soi-même. Mais on ne gagne pas grand-chose à évaluer ce qu'il en est des autres.

En conscience, examinons nos croyances et nos opinions pour voir lesquelles stagnent depuis longtemps et ne nous servent plus à rien. La vie nous fournira de nombreuses occasions de le faire.

Exercice

La prochaine fois que vous vous surprenez à émettre un jugement, sur vous-même ou sur autrui, posez-vous les questions suivantes : « De quelle croyance émane ce jugement ? Cette croyance est-elle encore vraie pour moi ou n'est-ce qu'un jugement automatique ? »

En conscience, rappelez-vous que vous avez le pouvoir de changer de pensées ; laissez tomber toute croyance qui ne vous est plus d'aucune utilité.

Vous avez toujours le choix

N'avez-vous jamais dit: «Je n'ai pas le choix: il faut que je le fasse»? Ce genre de déclaration est assez courant, chaque fois qu'il s'agit de se soumettre aux obligations que nous avons adoptées *via* le Rêve de la Planète, que ce soit au travail, à l'école ou en famille. Mais au niveau fondamental, cette déclaration est fausse et elle est à la racine de toute forme de domestication. Quelles que soient les circonstances, vous avez toujours le choix. Alors ne le gaspillez pas en déclarant: «J'y suis obligé», et en y croyant.

Exercice

Rien n'est plus efficace, pour briser votre domestication, que de vous rappeler que vous avez le choix. La prochaine fois que vous vous sentez obligé de faire quelque chose, rappelez-vous que ce n'est pas vraiment vrai, sauf si vous le voulez. Si vous décidez de faire cette chose-là, dites-vous auparavant: « Je veux le faire. »

Immanquablement, vous vous retrouverez dans des situations où vous vous direz: « Je n'en ai pas envie. » Alors devinez quoi? Vous ne le ferez pas. Vous aurez exercé votre capacité à choisir.

Être libre

Si l'on n'y prête garde, on a tôt fait de se créer une fausse image ou une projection de ce que signifie être « libre » ou être capable d'aimer sans condition.

Quand on s'attache à cette image, on risque d'en faire un idéal à atteindre, au lieu de s'accueillir tel qu'on est dans l'instant. Par exemple, imaginons qu'il arrive telle chose et que nous soyons submergés de jalousie. Quand survient une telle réaction émotionnelle, qui diffère de l'image idéalisée de l'amour inconditionnel qu'on s'est forgée, on est tenté de croire en cette fausse image de soi et de s'imposer des conditions en sa faveur. Du coup, on se juge ensuite d'avoir eu cette réaction, en se disant par exemple : « Tu devrais être plus spirituel que ça ! » Et c'est ainsi que cette noble image de la liberté et de l'amour inconditionnel se mue en un moyen d'autodomestication.

En revanche, si nous nous acceptons sans condition, en incluant le fait qu'on vient juste de réagir, on peut libérer notre énergie et traverser cette émotion, plutôt que de l'étouffer en niant la vérité. L'acceptation inconditionnelle nous donne du recul, car nous n'essayons plus de défendre qui que ce soit, ni d'accuser quiconque ; nous acceptons simplement la réalité telle qu'elle est.

Exercice

Aujourd'hui, acceptez tous les aspects de vous-même. Oubliez l'image idéale de perfection que vous vous êtes forgée mentalement et prenez conscience de votre perfection actuelle.

La compassion ou la pitié ?

Dans notre société, les notions de compassion et de pitié sont souvent utilisées l'une pour l'autre, sans voir l'énorme différence qui existe entre les deux.

La compassion consiste à se préoccuper du bien-être d'autrui, tout en respectant son libre arbitre. Ça veut dire qu'on est là pour son prochain, et qu'on respecte ses forces et ses aptitudes. Nous avons la main ouverte et tendue, nous sommes prêts à apporter notre aide, mais seulement si notre ami le demande.

La pitié, en revanche, consiste à être désolé de ce qui arrive aux autres et à porter leur douleur ou à vouloir la soulager à leur place. On nuit beaucoup à autrui si l'on ne lui permet jamais de découvrir la puissance de sa propre intention. La pitié, c'est quand on laisse le souci qu'on a des autres nous submerger au point de vouloir intervenir, de prendre les décisions à leur place et de décider de les aider, alors qu'on ferait mieux de s'occuper de soi. Avec la pitié, il n'y a nul respect.

Exercice

En conscience, observez la différence entre éprouver de la compassion pour autrui ou le prendre en pitié. La prochaine fois que vous vous surprendrez à projeter sur les autres ce que vous attendez d'eux, à ne pas honorer leur droit à faire leurs choix par eux-mêmes, prenez la décision de réserver votre jugement. Et traitez-les plutôt avec compassion.

Calmer son juge intérieur

Le mot « toltèque » signifie « artiste », et le canevas qu'utilise l'artiste toltèque est sa propre vie.

Si vous portez sur la vie le regard d'un artiste, vous considérerez toute chose comme une œuvre en cours de création, un chef-d'œuvre inachevé. À mesure que la peinture s'étale sur la toile, le tableau évolue et se développe, même si l'on n'a pas toujours un modèle qui nous aide à respecter le cadre de départ. Chaque coup de pinceau est parfait, simplement parce qu'il existe.

Si, par contre, vous portez sur la vie le regard d'un juge, animé d'un amour conditionnel, la vie n'est plus du tout une œuvre en cours ; elle devient plutôt une succession de buts à atteindre et de combats à remporter. Vous êtes content quand les choses se passent « bien », et contrarié quand elles vont « mal ». À regarder la vie sous cet angle, votre expérience risque d'être difficile et déplaisante.

Exercice

En conscience, prenez note de la manière dont vous considérez les hauts et les bas de la vie, aujourd'hui. Vous efforcez-vous de « gagner », ou vivez-vous plutôt dans la conscience que tout ce qui arrive est une création artistique de la vie ? Soyez donc l'artiste, et non le juge.

Jouer à faire semblant

Enfants, il nous est souvent arrivé de jouer à faire semblant avec nos amis : aux gendarmes et aux voleurs, aux Barbie, aux super-héros, aux cow-boys et aux Indiens, etc. Dans ces jeux, nous prenions l'identité de tel ou tel personnage et – pendant toute la durée du jeu – on prétendait être quelqu'un d'autre. Mais sitôt le jeu terminé, on laissait tomber cette identité et on redevenait soi-même.

Une fois adultes, il nous arrive aussi de faire semblant dans certaines situations sociales. Autrement dit, nous mettons un masque pour échanger les uns avec les autres dans tel cadre précis, que ce soit à un cocktail, au travail, voire dans une réunion familiale.

Parfois, un masque est nécessaire pour s'adapter à la dynamique du groupe. Souvent, d'ailleurs, ces masques sont anodins ; on joue le rôle de l'enfant bien sage, de l'employé modèle ou de « l'auteur de best-sellers », puis on revient à la personne que l'on est vraiment. Il n'y a problème que lorsqu'on oublie que l'on porte un masque et que l'on croit qu'il représente ce que l'on est vraiment. Au fil du temps, ces masques-là peuvent devenir de véritables fardeaux : s'en défaire peut alors être très libérateur.

Exercice

De quelles identités vous êtes-vous doté ? Comment les affichez-vous dans le monde ? Et qui êtes-vous, sans masque ? Rappelez-vous qu'il y a des situations où vous pouvez choisir de porter un masque, et que c'est tout à fait acceptable. Simplement, n'oubliez pas que vous en portez un !

Rester dans sa zone de confort

Il n'est pas facile de se défaire de son identité, surtout quand les choses auxquelles on croit (même celles qui nous font souffrir) nous maintiennent dans une certaine zone de confort. Mais si le sentiment que nous avons de notre propre importance dépend de nos connaissances, de notre statut social ou de tout autre rôle temporaire que nous assumons dans la vie, nous prenons de gros risques. Il peut sembler agréable de rester dans sa zone de confort, dans un premier temps, mais le chemin vers le réel et vers la conscience devient de plus en plus difficile à suivre si vous restez trop longtemps dans le *statu quo*.

Tôt ou tard, à force de développer notre conscience, nous réalisons que ce que nous sommes est plus vaste que toutes les identités que nous avons adoptées. Cette prise de conscience que vous êtes éternel et sans limites est très forte ; c'est comme oser lâcher la rampe, une fois que vous êtes certain qu'il n'y a plus de risque de chuter.

Exercice

En conscience, aujourd'hui, sortez de votre zone de confort : rappelez-vous que ce que vous êtes est plus grand que tout ce que vous savez. N'ayez pas peur de tenter quelque chose de nouveau : n'oubliez pas que l'« échec » est impossible.

Garder ses projections sous contrôle

Mentalement, nous nous créons une image de la manière dont chacun – y compris nous – devrait se comporter. Par exemple, quand nous surprenons un ami à prendre quelque chose personnellement, nous pouvons le juger de ne pas être à la hauteur de l'idéal de celui qui, quoi qu'il arrive, « n'en fait jamais une affaire personnelle ». Du coup, nous voilà avec deux problèmes au lieu d'un. Non seulement notre ami est contrarié, mais nous estimons qu'il est aussi un peu trop égocentrique.

Acceptez plutôt les sentiments de votre ami et offrez-lui votre soutien. Il peut s'avérer difficile de ne pas projeter ce qu'on voudrait qu'il se passe, mais c'est justement la finalité de l'amour inconditionnel.

Exercice

Aujourd'hui, défaites-vous de l'image que vous avez de l'un de vos proches, et du même coup, libérez-vous de l'image que vous projetez aussi de vous-même.

Autorisez-vous à voir les autres tels qu'ils sont vraiment, et laissez-les aussi vous aimer comme vous êtes, comme vous vous aimez sans condition.

Essayez de répéter l'affirmation suivante aujourd'hui : « À dater de cet instant, je donnerai ce que je possède vraiment, à savoir l'amour inconditionnel qui s'écoule de moi à chaque battement de mon cœur. Je t'aime, et je le dis avec la pleine liberté de la vie. »

Étiquettes

Votre mental, comme n'importe quel autre intellect, s'efforce d'identifier et d'étiqueter toute chose automatiquement : un arbre, un étranger, une couleur. Du coup, sans même en avoir conscience, vous vous mettez à anticiper ce que vous allez voir par la suite, sur la base de ce que vous savez déjà. De ce fait, votre conscience se ramollit et le cerveau, devenu paresseux, passe à côté de certaines distinctions. Les gens perdent leur identité et leur richesse sans équivalent, et, au lieu d'être appréciées pour ce qu'elles sont, nos nouvelles expériences sont aussitôt comparées au passé.

Quand vous portez sur la vie un regard dépourvu d'étiquettes et d'attentes, chaque instant se révèle à vous dans toute sa beauté.

Exercice

Pour aiguiser votre conscience, observez les subtilités de toute chose. Cherchez consciemment les différences, plutôt que les ressemblances. Quand vous échangez avec quelqu'un que vous « connaissez », faites comme si vous le rencontriez pour la première fois. Observez comment il est, comment il se comporte ; écoutez ce qu'il dit. C'est une pratique de base du développement de la conscience.

Vivre dans le futur

« Qu'est-ce que tu veux faire quand tu seras grand(e) ? » C'est une question amusante que les adultes posent couramment aux enfants. Mais on peut aussi y voir l'un des premiers exemples de la manière dont on nous domestique à l'idée que notre vie va vraiment commencer à un certain stade dans le futur.

Nous remettons trop fréquemment notre bonheur à plus tard, au moment où telle chose se réalisera. « Je serai heureux quand j'aurai terminé l'université / quand je me serai mariée / quand j'aurai des enfants. » Résultat : on n'arrête pas de se fixer et d'atteindre des échéances, tout cela pour découvrir qu'à chaque but atteint, on n'a pas réussi à obtenir ce qu'on en attendait. Voilà pourquoi les grands maîtres de toutes les traditions ont souligné l'importance de vivre dans le moment présent.

Exercice

En développant votre conscience, vous réalisez que le bonheur et la joie n'existent que dans l'instant présent. Si vous ne les trouvez pas là, vous ne les découvrirez nulle part ailleurs.

S'impliquer dans la vie

Du point de vue toltèque, votre miroir est propre lorsque vous voyez toute situation exactement comme elle est, sans l'écran de fumée de vos croyances et de vos opinions. Avec cette clarté-là, vous êtes conscient que votre implication dans la vie est un acte d'amour ; le choix conscient de la manière dont vous voulez vivre est donc un acte d'amour inconditionnel envers vous-même.

Si vous considérez la vie comme une œuvre d'art fondée sur l'amour de soi, vous pouvez choisir d'aller dans n'importe quelle direction. Vous n'êtes pas assujetti à la domestication d'autrui, et vous n'éprouvez pas davantage le besoin de domestiquer les autres pour qu'ils voient les choses sous le même angle que vous. Vous prenez en compte les options dont vous disposez, et ensuite vos actes sont authentiques.

Exercice

En conscience, voyez chaque situation clairement, sans l'écran de fumée de vos croyances. Cela vous permettra d'agir au mieux par amour pour vous et – ce faisant – de créer un monde de paix.

Voir la peur telle qu'elle est

La peur n'a qu'une seule fonction dans la vie : nous garder de tout danger et de tout mal. Face à un danger réel, la peur nous protège en nous incitant à nous immobiliser, à combattre ou à fuir. C'est une émotion normale que nous avons tous vécue. Mais la peur qui nous empêche de vivre de manière authentique est tout autre. Elle est irrationnelle et survient lorsque nous n'affrontons aucun danger réel, mais seulement les productions de notre esprit.

Exercice

La prochaine fois que vous aurez peur, demandez-vous si vous êtes face à un danger bien réel. Si ce n'est pas le cas, sachez que ce qui vous effraie est une illusion. Vous en libérer est un acte d'amour envers soi, qui vous permettra de vivre en paix.

La clé de la transformation

La plupart d'entre nous ne vivent pas dans un monastère ou un ashram, entourés de personnes qui pratiquent le silence, la méditation ou la prière en permanence. Nous vivons plutôt dans le Rêve de la Planète, où nous sommes constamment en interaction avec d'autres personnes, à divers niveaux de conscience. Pour trouver l'harmonie dans vos relations, rappelez-vous qu'elle commence par vous-même.

À mesure que vous prenez conscience de vous et que vous arrivez à vous aimer et à vous accepter comme vous êtes, vous pouvez donner aux autres ce que vous espérez recevoir en retour. Vous rappelez-vous ces vieux dictons qui affirment que c'est en donnant l'exemple qu'on dirige les autres, ou qu'on ne peut pas donner à autrui ce qu'on n'a pas soi-même ? Ce n'est qu'à partir du moment où vous vous aimez et vous acceptez sans condition que vous pouvez, à votre tour, offrir cet amour et cette acceptation inconditionnels aux autres.

Exercice

La clé de toute transformation, c'est la conscience. Le point de départ, c'est d'accepter votre vérité et de vous aimer exactement comme vous êtes en cet instant. Avec toute la liberté de la vie, dites-vous : « Je t'aime. »

Une foi mal placée

Sans même en avoir conscience, nous avons foi dans bien des choses extérieures. D'ailleurs, notre foi en certaines d'entre elles est si forte que nous les prenons pour acquises. Par exemple, en s'endormant le soir, on a foi que le soleil se lèvera le matin suivant. En appuyant sur un interrupteur, on a foi que la lumière va se faire dans la pièce. Beaucoup d'entre nous ont foi dans le fait qu'en cas de besoin nos plus proches amis et les membres de notre famille seront bien là pour nous soutenir.

Mais la personne la plus importante en qui croire, c'est vous-même. Malheureusement, beaucoup de gens n'ont pas foi en eux. Au contraire, ils se jugent, se dénigrent intérieurement et doutent de leurs aptitudes. Quand on voit les choses sous cet angle, il n'est guère surprenant que tant de personnes souffrent, dans le monde.

En ayant foi en votre propre pouvoir, vous apprendrez à faire confiance à vos décisions ; ce faisant, vous vous ouvrirez à tout un éventail de possibilités nouvelles.

Exercice

En conscience, rappelez-vous que vous possédez toutes les réponses dont vous avez besoin. Parfois, les autres peuvent vous aider à les trouver, mais au final elles sont bien en vous. En conscience, rendez-vous compte que vous pouvez donner à votre vie l'orientation que vous voulez, aujourd'hui.

Trouver une nouvelle mélodie

«Je dois… Il faut que je… Je devrais…»

«Il ne devrait pas, elle ne devrait pas, ils ne devraient pas…»

Considérez les croyances auxquelles vous êtes attaché, tous vos «je devrais» et «je ne devrais pas», comme une mélodie qui se répète sans fin dans votre tête.

Essayez-vous d'imposer cette mélodie aux autres et de couvrir la leur? Le faites-vous sans même en avoir conscience? Dans certains cas, cette mélodie que vous jouez n'est même pas de vous, et souvent ce n'est même pas celle que vous voudriez entendre.

Si vous continuez à ne passer que la mélodie que vous connaissez, vous ne vous ouvrirez jamais aux autres airs qui passent autour de vous. Ce faisant, vous laisserez votre attachement à votre propre mélodie, et donc à vos croyances, vous gouverner.

Exercice

En conscience, écoutez les mélodies des autres, aujourd'hui. Vous allez sans doute apprendre quelque chose ou pouvoir leur apporter quelque chose aussi. Au minimum, observez où leur musique vous entraîne.

En vous libérant de votre attachement à la manière dont vous pensez que la mélodie *devrait* sonner, vous accédez à la possibilité d'écrire une composition unique et magnifique de votre cru ou d'en réaliser une en collaboration, que vous pouvez partager avec autrui.

Prendre le contrôle de la colère

La colère est une émotion humaine naturelle. Peu importe votre degré d'évolution spirituelle, dans des moments de trahison, de souffrance, de grande perte ou d'injustice, la colère se manifeste.

Dans la plupart des cas, notre colère s'accompagne d'un « non » à ce qui se passe. Ce faisant, nous utilisons notre colère pour exprimer notre intention. En disant non avec colère, nous conférons une certaine puissance à ce non ; ainsi, l'espace d'un moment, on se sent puissant. Mais ce sentiment de puissance est illusoire : il finit toujours par nous laisser avec une gueule de bois émotionnelle très négative, une fois la colère passée. De plus, cette expression de colère fait aussi souffrir ceux qui se trouvent sur son trajet.

La vérité, c'est que la colère ne nous rend pas du tout puissants ; en réalité, en communiquant notre intention de la sorte, nous gaspillons même notre pouvoir.

En conscience, réalisons que nous n'avons pas besoin de la béquille de la colère pour exprimer notre intention avec efficacité. On peut dire non avec calme, même de la manière la plus subtile possible, en sachant que le seul fait de le dire a suffi à exprimer la puissance de notre intention.

Exercice

Comparez une personne qui crie ostensiblement, en faisant de grands gestes et en intimidant les autres pour se faire comprendre, à quelqu'un qui est calme, posé et qui communique clairement son intention. À votre avis, qui a *véritablement* du pouvoir, dans cette situation ?

La prochaine fois que vous vous surprendrez à vous mettre en colère, essayez d'attendre qu'elle soit passée avant d'exprimer votre intention.

Prendre le temps de guérir

Nos blessures émotionnelles, qu'elles soient grandes ou petites, alimentent notre « parasite » mental, puisque notre attention est consumée par les pensées négatives qui se nourrissent de cette blessure.

Lorsque la relation entre le mental et le corps émotionnel reste fixée sur nos blessures anciennes, le parasite prospère, puisqu'il utilise nos plaies émotionnelles pour nous maintenir prisonniers d'un brouillard de négativité.

Le pardon guérit toute blessure, et à mesure qu'elle cicatrise, le parasite ne peut plus s'en servir pour nous infliger des souffrances. Pardonner, c'est accepter et lâcher prise. On peut tirer des leçons de l'expérience qui nous a valu cette blessure, et même pleurer si la blessure reste douloureuse dans le corps émotionnel, mais le pardon empêche le parasite de se nourrir de cette blessure et de l'utiliser pour renforcer notre conditionnement mental.

Exercice

Toute blessure finit par guérir avec le temps : vous donner le temps de guérir est donc un acte de compassion envers vous-même, un acte d'amour.

Aujourd'hui, faites preuve de gentillesse envers vous-même.

Prendre conscience des messages qu'on reçoit

La télévision, la radio, Internet, mais aussi les livres et les magazines, sont de merveilleux outils pour vous instruire, sans compter qu'ils sont source de divertissement dans le Rêve de la Planète. Mais si vous n'y prêtez garde, ils peuvent aussi vous faire perdre conscience et vous plonger dans un gouffre de souffrances.

Rappelez-vous que chaque fois que vous consultez un média, vous laissez votre esprit être capté par le rêve de quelqu'un d'autre. En prêtant attention à ces messages extérieurs, vous pouvez découvrir quels sont les rêves qui vous inspirent et quels sont ceux qui alimentent vos jugements contre vous, votre amour conditionnel et votre domestication.

Tout le monde partage ses œuvres d'art par des mots, des symboles, des images et des histoires. C'est vous qui choisissez quelles œuvres vous laissez pénétrer en vous, pour qu'elles fassent partie de votre Rêve Personnel.

Exercice

En conscience, prenez note des moments où telle émission de télévision, tel site web ou tel livre capte vraiment votre attention. Quelles histoires vous plongent dans vos souffrances ? Et lesquelles élèvent vos vibrations et vous font vraiment du bien ?

Observez la puissance de votre intention

Vous manifestez constamment quelque chose. Observez comment à chacun de vos actes – qu'il s'agisse de respirer ou de bouger les bras, ou encore de penser, de manière verbale ou non –, vous *déclenchez* quelque chose. Vous provoquez un changement.

Le mental jugera souvent insignifiants certains actes tout simples. Mais en réalité, nous sommes tous des faiseurs de miracles, et nous en faisons à chaque instant, grâce à la puissance de notre intention.

Exercice

Aujourd'hui, prenez conscience de votre façon d'exprimer votre intention et de la manière dont vous manifestez tout un monde par le biais de vos actes les plus simples. Vous êtes vivant !

Renoncez au besoin d'avoir raison

Vient un jour, dans la vie, où l'on est fatigué d'avoir toujours besoin d'avoir raison. Surtout quand on voit comment ce besoin de l'ego impacte nos relations les plus importantes. Nos attachements nous empêchent de voir plus loin que le bout de notre nez ; ils assombrissent nos relations avec les âmes magnifiques qui souhaitent juste être amies avec nous et nous aimer.

La bonne nouvelle, c'est qu'à mesure que nous prenons conscience de ce filtre formé par nos connaissances, nous comprenons qu'un changement durable ne peut venir que du dedans. C'est une grande responsabilité, mais cela signifie aussi qu'il est possible pour chacun d'entre nous de se libérer de tous ces attachements et de ce filtre.

Exercice

La prochaine fois que vous vous surprenez à vouloir défendre une opinion et à accorder plus d'importance à votre ego qu'à la vérité et à la collaboration, prenez du recul et posez-vous la question : « Qu'est-ce que je préfère : avoir raison ou être heureux ? » Nous pouvons souvent résoudre nos désaccords sans avoir besoin d'avoir raison à chaque fois.

Rester fort face à l'adversité

Dans la vie, il arrive que se présentent des situations qui paraissent insurmontables. Pour ma part, quand je me retrouve face à des obstacles majeurs, c'est mon amour inconditionnel pour moi-même qui me donne la force de poursuivre.

J'accueille les hauts et les bas de l'existence avec un amour inconditionnel pour moi-même et pour mon entourage, en ayant conscience que je ne suis vivant que dans le moment présent ; le futur n'est qu'une projection et n'existe pas encore.

Tant qu'il y a de la vie, tout est possible.

Exercice

En conscience, rappelez-vous d'aimer les autres et vous-même sans condition, quand la situation devient difficile. Ce n'est qu'avec l'amour que vous parviendrez à surmonter les obstacles en paix.

Le Moi authentique

Au quotidien, votre conscience est comme une fleur qui ne cesse de s'ouvrir et de se refermer au fil de la journée. La conscience et l'attachement sont inversement proportionnels l'un à l'autre ; autrement dit, si votre conscience diminue, vos attachements augmentent. En revanche, plus vous devenez conscient, plus vos attachements décroissent en nombre et s'affaiblissent.

Indépendamment de votre degré d'attachement à telle croyance ou opinion, *vous êtes toujours votre Moi authentique* ; c'est juste que vous l'oubliez quand votre conscience s'affaiblit.

Exercice

De nombreuses traditions religieuses et spirituelles, dans le monde, ont élaboré des disciplines qui vous permettent de préserver un état d'harmonie intérieure et de garder conscience de votre Moi authentique par la prière, la méditation, le yoga, le chant, la danse et ainsi de suite. Si vous vous adonnez à l'une ou l'autre de ces activités, rappelez-vous qu'elles ont toutes pour but de vous ancrer dans la conscience.

Les actes d'autrui

Rien ne vous vide autant de votre énergie que croire que les actes d'autrui dépendent de vous ou vous concernent. En réalité, leurs actes ne concernent qu'eux ; ils agissent en fonction de leur point de vue et de leur Rêve Personnel.

Donc, quand quelqu'un dit ou fait quelque chose et que vous en faites une affaire personnelle, vous passez l'accord que ce qu'il dit est aussi vrai pour vous.

Exercice

Quand vous vous défendez, c'est le signe que vous prenez quelque chose personnellement et que vous venez de passer un accord avec les actes ou les propos d'autrui. Quand vous vous surprenez à réagir, cela veut dire que vous croyez que ce que les autres disent ou font est vrai. S'ils ont raison, le chemin le plus court vers la paix intérieure est de l'accepter et de modifier en vous ce que vous jugez nécessaire. S'ils n'ont pas raison, laissez leurs propos vous glisser dessus comme l'eau sur les plumes d'un canard.

Égalité

L'ego a pour tâche principale de protéger la fausse image qu'il a créée d'un moi séparé. Il y parvient notamment en insistant sur le sentiment que nous avons de notre propre importance.

Les voix intérieures qui nous disent : « Je vaux mieux que toi » ou « Je possède plus de choses que toi » forment un puissant courant souterrain qui nourrit ce sentiment d'importance personnelle, dans la société. Nos ego ont collectivement mis en place divers mécanismes qui soutiennent ces notions inexactes. La poursuite de ces faux idéaux entraîne des comparaisons malsaines, de la compétition et – au final – de la violence dans la grande famille humaine.

La conscience est la clé pour mettre en évidence cette illusion ; et l'amour inconditionnel est l'antidote. Vous, moi et tout le monde, nous sommes égaux. Nous sommes tous des expressions de la conscience. Nous ne sommes qu'Un. Quand on s'aime les uns les autres sans condition, on crée un Rêve où règne une harmonie parfaite. J'appelle cela le paradis sur Terre.

Exercice

En conscience, aujourd'hui, rappelez-vous que chaque personne que vous voyez ou croisez, tous les gens avec qui vous êtes en interaction, sont une partie de vous. Ce que vous faites à autrui, vous le faites à vous-même. Reconnaître et aimer la divinité et l'égalité de chaque être, c'est aussi la reconnaître et l'aimer en soi.

Vous avez le choix

La vie nous donne toujours le choix, même si nous ne le voyons pas. Quoi qu'il nous arrive, nous avons toujours le choix de la manière d'y répondre. En l'absence de conscience, ce sont nos habitudes et nos réactions automatiques qui ont le dessus et nous nous soumettons à leur choix. C'est toute la différence entre « je dois » et « je veux ».

Par exemple, j'ai choisi d'aller travailler, car j'ai choisi d'assumer cette responsabilité dans ma vie. Si le travail m'apparaît comme une obligation, j'aurai du mal à apprécier ce que je fais, puisque je renonce à choisir et que je me force à faire quelque chose. Mais si je vois mon travail comme un choix, c'est que j'ai orienté mon intention dans cette direction : je travaille parce que je le veux. Garder cela en tête, ça change tout ! Reconnaissez que vous avez toujours le choix et, une fois votre décision prise, allez jusqu'au bout sans résistance. Vous n'êtes pas « obligé » de faire quoi que ce soit ; par contre, vous choisissez de faire de nombreuses choses, pour toutes sortes de raisons.

Exercice

Que choisissez-vous de faire, aujourd'hui ? Peu importe ce qui arrive de bon ou de mauvais, ayez conscience que vous pouvez choisir comment y répondre. En conscience, considérez aujourd'hui vos activités quotidiennes comme autant d'occasions de choisir comment vous voulez vivre votre vie.

LE PARASITE ET L'ALLIÉ

Nous avons tous des voix qui parlent dans notre tête : des mots, des pensées et des histoires qui ont le pouvoir de nous remplir intérieurement de soleil ou de nous étouffer sous le smog mental. Quand vous écoutez ces voix intérieures, entendez-vous des propos chargés de peur et de jugement et des histoires qui provoquent en vous conflits et tensions ? Ou entendez-vous plutôt des paroles de soutien, d'amour inconditionnel et d'acceptation de soi ? La première de ces voix est comparable à un parasite qui tente de vous vider de votre énergie. La seconde est votre alliée, puisqu'elle voit l'être merveilleux que vous êtes.

Transformez votre voix intérieure pour qu'elle devienne votre meilleure amie en orientant toutes vos conversations internes vers le positif, une parole à la fois.

Exercice

En conscience, prenez note des différentes voix intérieures qui s'adressent à vous dans la journée. L'une dit la vérité, l'autre ment. Vous pouvez les distinguer l'une de l'autre en observant votre ressenti quand chacune s'exprime. Votre alliée ne vous égarera jamais.

Supposer

Si vous voyez les trois quarts d'un cercle, vous en reconnaissez la forme globale, même s'il manque un quart. Il en va de même avec un triangle dont vous ne verriez que deux côtés. Sur la base de vos expériences passées, le mental complète toute nouvelle information incomplète grâce aux croyances auxquelles il est déjà attaché, et il s'imagine connaître le futur.

S'il n'est pas grave de faire des suppositions concernant des formes géométriques, en revanche, s'agissant de nos interactions avec autrui, les suppositions que nous faisons à la lumière de nos expériences passées peuvent faire des dégâts dans notre vie. Le terme qu'on emploie couramment pour ce genre de suppositions, c'est « préjugé ». Si l'on associe généralement ce terme à des notions de race, de sexe ou de croyance, nos préjugés mentaux ont une portée bien plus vaste que cela.

Par exemple, si l'on rencontre quelqu'un qui a une maison ou une voiture très coûteuse, en tire-t-on aussitôt des conclusions sur le genre de personne que c'est ? Selon que l'on rencontre telle personne dans un cadre professionnel ou à une soupe populaire, quelles suppositions faisons-nous ?

Exercice

En conscience, aujourd'hui, prenez note des suppositions et des préjugés qu'élabore votre mental. Prendre conscience de nos préjugés automatiques est la première étape pour s'en libérer.

Se défaire de tout artifice

Votre nom et le corps qui le représente dans le Rêve de la Planète ne sont que des symboles vides dont la signification et la définition sont l'expression de votre intention dans la vie. Le *vrai vous* est l'être vivant, le point de perception qui donne vie à ces symboles.

Souvent, nous confondons notre corps et notre nom avec ce que nous sommes vraiment, et cela engendre des souffrances.

Vous n'êtes pas votre corps. Vous n'êtes pas non plus l'étiquette qui s'y rattache. Vous êtes la vie ; vous êtes l'amour. Vous êtes la source de l'amour et, par conséquent, vous avez assez d'amour à offrir à tous ceux que vous croisez en chemin.

Votre nom et votre corps sont une expression d'amour que votre intention a manifesté.

Exercice

Aujourd'hui, soyez l'amour que vous êtes véritablement. Considérez que votre nom, votre identité et votre apparence sont seulement des expressions de ce que vous êtes : c'est votre amour manifesté qui les exprime. Défaites-vous de ce corps et de ce nom, et imaginez à quoi votre vrai moi peut ressembler.

Ne tyrannisez plus autrui

Quand vous comprenez ce qu'est la domestication et le rôle qu'elle joue dans vos relations, vous finissez par comprendre du même coup qu'une dispute est juste une tentative de domestiquer autrui pour qu'il adopte votre point de vue.

Tyranniser autrui, l'intimider, c'est simplement vouloir lui imposer comment il devrait agir, penser ou être : c'est une manière de lui dire que votre système de croyances est supérieur au sien. Vous assumez alors le rôle de metteur en scène dans la vie d'autrui, en lui disant : « Voilà le rôle que je veux que tu joues, et voilà comment tu dois te comporter. » Si on peut décider du rôle qu'on souhaite choisir dans sa propre existence, on ne peut en revanche rien décider de tel pour les autres.

Toute dispute n'est que la conséquence d'un amour conditionnel.

Exercice

Quand on comprend vraiment ce qu'est une dispute (une tentative de domestiquer autrui), il devient beaucoup plus facile de ne plus en avoir. La prochaine fois que vous entamerez une dispute, posez-vous les questions suivantes : « De quelle manière est-ce que j'essaie de domestiquer cette personne ? Comment cette domestication va-t-elle renforcer mon ego et le sentiment que j'ai de ma propre importance ? Quelle croyance est-ce que j'essaie de défendre ? »

Quand on aime les autres sans condition, on peut ne pas être d'accord avec eux, mais il y a peu de chances que ces désaccords se muent en disputes.

Prenez conscience de votre potentiel infini

Vous avez un champ de possibilités étendu à 360° autour de vous. Ce point-ci – l'instant présent – est votre potentiel. Quand vous avancez dans telle ou telle direction, vous faites un choix : vous dites oui à quelque chose, et non à toutes les autres. Ceci est d'ailleurs valable que vous ayez ou non conscience des possibilités infinies à votre disposition à chaque instant.

Plus vous êtes attaché à telle chose, plus votre vision se rétrécit et s'obscurcit, parfois jusqu'au point où vous finissez par être convaincu de n'avoir qu'un seul et unique choix. Votre attachement à une croyance vous prive de la capacité de voir au-delà de cette seule possibilité. Donc, sitôt que vous faites le choix conscient de vous libérer des attachements qui ne vous conviennent plus, vous avez l'impression que le nombre de vos options possibles s'agrandit. En réalité, vous ne faites qu'élargir votre perspective : toutes les possibilités étaient là depuis le début.

Exercice

Aujourd'hui, rappelez-vous toutes les possibilités qui sont à votre disposition dans la vie ; vos seules limites viennent des chaînes que vous vous êtes mises vous-même. Décidez maintenant de jeter ces chaînes.

Le pardon

Dans le Rêve de la Planète actuel, la domestication est une réalité pour pratiquement tout le monde. Dans la plupart des cas d'ailleurs, elle est également nécessaire. Sans un minimum de domestication, nous serions incapables de fonctionner en société. Voilà pourquoi mon père dit parfois à de jeunes parents : « Veillez à domestiquer vos enfants, avant que d'autres ne s'en chargent. »

Même si vous n'avez pas d'enfants, vous en avez été un vous-même autrefois, et vous avez donc été domestiqué en fonction. Souvenez-vous-en en repensant à ceux qui vous ont domestiqué. Ils se sont efforcés de vous aider à survivre dans ce monde, et ça a marché. Voir les choses sous cet angle permet plus facilement d'arriver à pardonner. Vos parents ont fait du mieux qu'ils ont pu, à l'époque.

Exercice

En conscience, essayez de pardonner à tous ceux qui ont tenté de vous domestiquer pour que vous adoptiez leur point de vue. Leurs efforts en ce sens n'avaient rien de personnel ; ils faisaient juste de leur mieux, à cette époque. Désormais, vous pouvez choisir par vous-même les comportements et les croyances qui sont vrais pour vous. C'est cela que veut dire être adulte.

Changer par amour

Quand on laisse tomber jugements et critiques et qu'on s'accepte comme on est, ce n'est plus l'amour conditionnel qui nous pousse à changer, mais plutôt l'amour qui prend la forme d'une passion. Quand on aime ce qu'on fait, on laisse l'inspiration nous traverser pour discerner ce qui peut advenir, puis on fait le choix de manifester cela grâce à nos talents. La passion devient le facteur motivant qui nous permet de concrétiser ce que nous sommes parvenus à imaginer. C'est un acte d'amour.

Exercice

Aujourd'hui, acceptez-vous et aimez-vous totalement, comme vous êtes. Avec ce point de vue-là, si vous changez, ce sera par amour, et non par peur ou parce que vous vous jugez. Par conséquent, ce changement va plus vraisemblablement se muer en passion, et l'issue – quelle qu'elle soit – en sera parfaite, puisque le cheminement était agréable.

Jouer la sécurité

Quand on reste dans sa zone de sécurité où l'on se sent confortable et rassuré, on finit par adopter résolument la conviction : « Voilà-qui-je-suis ». De ce point de vue-là, la pire chose qui puisse arriver, c'est le changement. Les structures que nous avons patiemment mises en place disparaîtraient, et ce serait vraiment affreux.

Pourtant, c'est bien ce qui nous arrive à intervalles réguliers dans la vie. Quand je crois que telle chose doit rester exactement telle qu'elle est, à sa place, pour me sentir bien, c'est que je m'y suis attaché ; j'ai fini par confondre cette chose extérieure avec qui je suis.

Quand cette chose-là changera – et tôt ou tard, tout change –, comment réagirez-vous ? Si vous en avez fait dépendre votre identité, vous serez obligé de la défendre. Vous devrez vous disputer à son sujet. Il vous faudra trouver des justifications, des définitions et un sens. Bref, vous vous serez créé un nouvel attachement.

Exercice

En conscience, prenez acte du fait que rien d'extérieur ne définit qui vous êtes. La force vitale qui est véritablement vous ne peut pas se satisfaire d'objets extérieurs ; c'est seulement l'ego qui tente de limiter l'infini et qui provoque ainsi des souffrances.
Sachant cela, tentez quelque chose de neuf aujourd'hui.

Que chaque relation existe par elle-même

Chaque relation est unique, tout comme les individus qui la composent ; elle n'a jamais existé auparavant, et les souvenirs de toute relation antérieure n'existent que dans votre mémoire.

En l'absence de conscience, vous risquez de laisser ces souvenirs affecter votre relation actuelle. Vous pouvez rester accroché(e) à un point du passé et le projeter dans la relation présente, ce qui introduira en elle quelque chose qui n'a rien à voir avec. Ou vous pouvez plutôt tirer des leçons de ce même point du passé et permettre ainsi à vos expériences antérieures de vous aider à mûrir, à mesure que vous vous impliquez dans cette nouvelle relation avec un amour inconditionnel, en la laissant évoluer à sa manière.

En ayant conscience de la différence entre projeter (le passé) et apprendre (du passé), non seulement vous pourrez apprécier votre nouvelle relation, mais aussi communiquer avec l'autre avec clarté, tout en construisant ensemble ce Rêve commun.

Exercice

Pensez à considérer toute relation actuelle comme étant unique. S'il est bon de tirer des leçons de ses relations passées, évitez d'en parasiter vos relations présentes. Si vous le faites, vous resterez prisonnier du passé et vous vous couperez de la beauté de ce que vous vivez au présent.

Participer au Rêve de la Planète

Ensemble, nous participons au Rêve de la Planète, à mesure que nous conférons structure et solidité à sa forme, par notre intention mutuelle. Selon la relation existant entre nos esprits et ce que nous créons *via* nos accords, ce rêve peut être un parfait cauchemar ou la plus harmonieuse des utopies.

Rappelez-vous que chaque fois que vous privez les autres de votre amour, dans le Rêve de la Planète, c'est aussi vous-même que vous privez par la même occasion. En vous aimant sans condition, vous parvenez à aimer les autres de même, et inversement. Ce n'est qu'à partir du moment où vous éprouvez cet amour-là pour vous-même que vous pouvez infuser cet amour dans le Rêve de la Planète.

Exercice

En conscience, aujourd'hui, fixez votre attention sur la paix. Dans vos interactions avec autrui, percevez l'unité et rappelez-vous que l'amour que vous projetez dans le monde devient partie intégrante du Rêve de la Planète. Et ne manquez pas non plus de soutenir les autres quand eux vous offrent leur amour inconditionnel.

La domestication et l'ego

L'ego et la domestication marchent main dans la main. Quand nous atteignons la perfection, aux yeux de notre juge intérieur, la domestication récompense l'ego en lui donnant de l'amour conditionnel ; et lorsqu'on échoue à satisfaire nos attentes, elle punit l'ego en provoquant le rejet de soi.

C'est un cercle vicieux.

Au bout d'années de répétition, l'ego se trouve ainsi artificiellement renforcé par la domestication : il s'emploie alors à protéger les règles de sa domestication en nous rappelant que notre valeur dépend de notre capacité à atteindre cette fausse image de perfection.

La clé pour briser ce cycle, c'est d'éprouver un amour inconditionnel pour soi-même. Quand on s'aime quoi qu'il advienne, on met clairement en évidence ce que sont véritablement l'ego et la domestication : une imposture.

Exercice

En conscience, aujourd'hui, prenez note des moments où vous entendez la voix de la punition s'exprimer en vous. Dès que cela arrive, arrêtez-vous immédiatement et dites-vous plutôt : « Voilà ce que je suis et je m'aime sans condition. »

L'ART DE NE RIEN PRENDRE PERSONNELLEMENT

Nous n'avons pas besoin de nous protéger ni de défendre nos croyances contre les opinions et les convictions d'autrui. Nous avons juste besoin de nous respecter. Quand on se respecte, on cesse de faire une affaire personnelle de ce que les autres disent ou font.

Si nous cédons à la tentation de voir dans les actes d'autrui un affront personnel, nous perdons alors notre respect de soi, pour avoir dit oui à ses accords à lui. Ensuite, notre attachement à cette croyance nous fait croire qu'il est nécessaire de passer du mode défense à l'offense. Du coup, on peut facilement passer du statut de victime à celui d'agresseur, ce qui entraîne toutes sortes d'autres conséquences.

En ne prenant rien personnellement, nous ne cédons pas au besoin de nous sentir important et, par conséquent, nous pouvons prendre des décisions fondées sur le respect mutuel, ce qui permet de résoudre les problèmes au lieu de les aggraver.

Exercice

Comme un chasseur toltèque, aujourd'hui, ayez conscience de vos réactions. Par la pratique de la conscience, toute tentative d'attaque vous glissera dessus sans vous toucher.

Devenir soi-même

La plupart d'entre nous ont des guides et des mentors qui nous soutiennent dans notre croissance, qui allument en nous le feu de la passion et mettent en évidence nos aptitudes, en partageant avec nous leur sagesse sous forme de connaissances.

Toutefois, vient un jour où il nous faut quitter l'ombre de nos mentors et devenir nous-mêmes. C'est le courage et la confiance en soi qui nous donnent la force de franchir ce pas important, lequel nous fait comprendre que nous sommes capables de tout ce que notre intention est en mesure d'exprimer.

Rappelez-vous cependant qu'il y a toujours des choses à apprendre. Tous les gens que nous croisons ont quelque chose à nous enseigner. Chaque être que nous rencontrons est une personnification de tous les grands maîtres : Jésus, Bouddha, Moïse, Krishna, Mahomet, etc.

Exercice

Aujourd'hui, fiez-vous à vous-même, tout en étant disposé à apprendre. Rappelez-vous que chaque être que vous croisez est une représentation du Divin, une manifestation du Moi authentique, et qu'il peut vous apprendre quelque chose. Certains nous enseignent quoi faire ; d'autres, ce qu'il ne faut pas faire.

Écoutez les messages avec discernement

> Le cinquième accord toltèque dit: « Soyez sceptique, mais apprenez à écouter. » Soyez sceptique, parce qu'une grande part de ce que vous entendez n'est pas vraie. Vous savez que les humains s'expriment à l'aide de symboles, et que ceux-ci ne sont pas la vérité. Ils ne sont vrais que parce que nous en convenons, et non parce qu'ils sont vraiment la vérité.
>
> — Don Miguel Ruiz et Don José Ruiz,
> *Le Cinquième Accord toltèque*

La société nous bombarde de messages sur la façon dont nous devrions nous habiller, agir, être et ainsi de suite, au point que nous pouvons nous perdre dans cette abondance d'informations et en oublier que nous pouvons choisir avec lesquelles nous sommes ou non en accord.

Lorsque notre attention se fait capter dans le monde, nous commettons souvent l'erreur d'être d'accord avec le *statu quo*, sans même réaliser ce que nous faisons. C'est là que la pratique du cinquième accord toltèque – *Soyez sceptique, mais apprenez à écouter* – peut être très utile.

En fait, on pourrait traduire cet accord ainsi: «Je veux bien écouter ces messages, mais je me réserve la capacité de faire preuve de discernement dans ce que j'entends : tel est mon privilège. C'est moi qui déciderai au final si tel message que j'ai entendu est vrai pour moi ou non. »

Cette capacité à faire preuve de discernement – à être sceptique – est ce qui vous permet de vous dissocier des messages que vous entendez. Vous parvenez alors à les recevoir de manière objective et à choisir en conscience si vous êtes d'accord ou non avec eux.

Exercice

En conscience, aujourd'hui, prenez note de tous les messages et idées dont vous êtes bombardé au quotidien. À mesure qu'ils arrivent, posez-vous la question : « Est-ce vrai pour moi ? », et voyez quelle réponse vous vient. Vous serez sans doute surpris par certaines de ces réponses !

La gentillesse

Un sage a dit un jour : « Les trois choses les plus importantes dans la vie sont : la gentillesse, la gentillesse et la gentillesse. »

Vous devenez gentil lorsque vous ouvrez généreusement votre cœur et que vous considérez chacun comme un ami qui mérite votre considération. Cultiver la gentillesse est une pratique spirituelle puissante. Lorsque vous êtes pressé ou que vous vous sentez contrarié, il est d'autant plus important de vous entraîner à rester gentil. La gentillesse vous aidera à ralentir, à rétablir la connexion avec autrui et à faire s'afficher un sourire sur votre visage et sur celui des gens qui vous entourent.

Exercice

En conscience, entraînez-vous aujourd'hui à être gentil et bon, avec vous-même comme avec autrui. Rappelez-vous que chacun fait toujours de son mieux, et que vos propos et vos actes reflètent la considération que vous avez pour leur chemin dans la vie, mais aussi pour le vôtre.

Trouver le grand amour

D'après le Rêve de la Planète, si l'on veut « être amoureux », il faut avoir quelqu'un à aimer. Et bien entendu, il faut que cette personne nous aime en retour. Ça, c'est vraiment quelque chose qui nous obsède ! Un amour de ce genre comporte tant de conditions qu'il nous fait immanquablement souffrir. Et ce n'est pas tout : nous en oublions du même coup notre véritable grand amour, à savoir… nous-mêmes ! Quand on se regarde dans la glace et qu'on n'y voit pas un reflet d'amour, cela signifie qu'un Écran de Fumée déforme notre vision et nous fait croire qu'il nous faut mériter ou gagner l'amour.

Exercice

Vous n'avez nul besoin de courir après l'amour, puisque vous *êtes* l'amour. Quand vous n'éprouvez pas d'amour pour vous, la clé est de vous libérer de votre attachement à une croyance négative qui vous empêche de ressentir l'amour que vous êtes vous-même. Trouvez quelle est cette croyance et défaites-vous-en. Quand vous regardez au plus profond de vous, l'image véritable de l'amour se révélera à vous.

Le vrai moi et l'imaginaire

Au lieu de simplement vivre l'amour, d'être l'amour, nos narrateurs internes nous expliquent ce que nous devrions ressentir ; ce qui nous rend dignes d'amour ; qui devrait nous aimer et de quelle façon ; ce qu'il nous faut faire ou accomplir pour nous aimer ; ce que les autres doivent réaliser pour être aimés de nous en retour.

Sitôt qu'on se met à croire en l'analyse de nos narrateurs quant à ce que l'amour devrait être, et qu'on s'attache à cette croyance, on commence à l'imposer aux autres et à soi-même, et nous donnons ainsi naissance à un reflet déformé de l'amour. Les narrateurs peuvent nous convaincre que si nous atteignons telle perfection imaginaire, nous serons si remplis d'amour que notre vie coulera de source, à partir de là. Mais en réalité, on vient juste de rendre l'amour conditionnel.

Exercice

L'amour inconditionnel se manifeste sitôt que l'on arrête d'étiqueter, de juger et de catégoriser tout ce qui apparaît dans notre champ de conscience. Tout est parfait tel quel. Y compris vous, bien sûr.

Lâcher prise et s'en remettre à plus grand

Parfois, on ne peut pas réparer ce qui a été brisé. S'abandonner, s'en remettre à plus grand que soi, c'est accepter cette vérité. Cela peut s'avérer très difficile quand notre chagrin est tel qu'il nous empêche de voir nos autres possibilités.

Soyez bon envers vous, durant ces moments-là. Vous ne gagnerez rien à nier vos sentiments et à les refouler dans votre subconscient. Rappelez-vous qu'il est nécessaire de ressentir vos émotions et de les honorer, avant qu'elles ne passent.

Si vous examinez en profondeur une situation qui semble fichue, vous verrez qu'en réalité rien n'est jamais vraiment perdu. Cela peut prendre du temps, mais à mesure que vos émotions passeront, vous finirez par distinguer les différentes possibilités dont vous disposez encore.

Exercice

En conscience, aujourd'hui, entraînez-vous à lâcher prise : abandonnez-vous. La vie recommence à chaque respiration, et le bonheur germe dans votre cœur à chaque pas que vous franchissez, sitôt que vous reprenez conscience de tout votre potentiel.

L'ORIGINE DE VOS ACTES

Agir, c'est pouvoir créer le monde qu'on veut et s'impliquer avec autrui dans le Rêve de la Planète. C'est la manifestation de notre intention.

Dans nos interactions avec autrui, il est inévitable d'avoir parfois des désaccords quant à la meilleure façon de faire ceci ou cela. Les relations humaines sont ainsi faites et ce n'est pas grave. Quand vous passez à l'acte, quand vous agissez avec des personnes avec lesquelles vous n'êtes pas d'accord, le plus important est de garder votre intention à l'esprit.

Avant de vous mettre à défendre votre position, posez-vous la question : « Est-ce que j'agis par amour ou par peur ? » C'est seulement quand notre intention est animée par l'amour, et non par la peur, que nous pouvons apporter la paix dans notre monde et autour de nous.

Exercice

En conscience, aujourd'hui, prenez note des intentions qui dictent vos actes. Est-ce que vous agissez et parlez par amour… ou par peur ? Si vous parvenez à vous exprimer par amour, au cours d'un désaccord, vous aurez beaucoup plus de chances d'être compris et de parvenir à une réconciliation.

Découvrir son propre fanatisme

Lorsqu'on a conscience de l'étincelle divine qui existe en soi, on peut se rendre dans n'importe quelle église, synagogue ou mosquée, n'importe quel temps ou cercle de tambour, et on y percevra à chaque fois la grâce de Dieu.

Trop souvent, hélas ! on est si attaché à certaines croyances religieuses qu'on finit par croire : « Ma religion est la bonne, la tienne est mauvaise. » La plupart d'entre nous discernent facilement cette attitude fanatique chez les autres, mais il est autrement plus difficile de la dénicher en soi. Par exemple, les croyances que nous avons en matière d'alimentation (seulement du bio !), de médecine (uniquement l'homéopathie !), de styles de vie, et ainsi de suite, peuvent facilement – si nous n'y prêtons garde – faire l'objet d'attitudes fanatiques, caractérisées par la certitude d'avoir « raison » ; si nous laissons cela se produire, nous en corrompons la noble inspiration originale.

Exercice

En conscience, prenez note des points de vue auxquels vous êtes si attaché que vous considérez que tout le monde devrait les partager. Lorsque les autres sont en désaccord avec vous, vous avez là l'occasion de leur montrer votre amour et votre respect, en les laissant penser et agir comme bon leur semble. La bonne nouvelle, c'est que, ce faisant, vous allez vous libérer de vos propres attachements. Vous laisserez les belles traditions d'autrui prendre vie, en vous libérant du filtre déformant du fanatisme.

L'ÉNERGIE DE LA VIE

Les ordinateurs sont vraiment des objets incroyables. Ils allient un disque dur qu'on peut toucher, dessiner et quantifier, et des logiciels qui n'a aucune masse physique mais qu'on peut changer pour que le disque dur exécute certaines fonctions, comme imprimer, afficher des images ou enregistrer une voix.

Toutefois, il manque encore quelque chose pour que l'ordinateur fonctionne : l'électricité. C'est elle, la puissance invisible qui fait toute la différence entre un ordinateur et une pierre, car sans électricité, un ordinateur ne serait qu'un objet parmi d'autres. C'est l'électricité qui lui donne vie, qui lui permet de fonctionner et d'exécuter ce qu'on lui demande. Coupez le courant et l'ordinateur se retrouve sans vie.

Votre corps physique est pareil au disque dur d'un ordinateur, tandis que votre cerveau contient les logiciels. Vous pouvez changer le disque dur (le corps) ou les logiciels (le cerveau) pour que l'ordinateur fonctionne mieux et fasse des choses incroyables, mais sans conscience, le corps et l'esprit ne diffèrent pas d'une pierre.

Exercice

En conscience, aujourd'hui, rappelez-vous que vous n'êtes pas votre corps : vous n'êtes même pas votre cerveau. Vous êtes beaucoup plus que cela. Vous êtes la force de vie, la conscience qui donne vie à votre corps et à votre cerveau.

La puissance de l'intention

À l'instant où nous prenons conscience de la puissance de notre intention, nous devenons libres.

La personne que vous étiez autrefois, ne serait-ce qu'hier, n'existe plus dorénavant. Et celle que vous serez à l'avenir n'existe pas encore. Votre vrai moi ne se trouve que dans cet instant précis.

La personne que vous serez dans le futur dépend des actes que vous posez maintenant. Telle est la puissance de votre intention. Lorsque vous dites oui à quelque chose, c'est cela qui sera créé. Lorsque vous dites non à telle autre chose, elle ne verra jamais le jour. Sachant cela, faites vos choix en conscience et ne dites oui qu'à ce que vous voulez vraiment manifester.

Exercice

Aujourd'hui, rappelez-vous que votre vrai pouvoir est dans le choix : tout est possible. En conscience, dites-vous : « Ce sont les décisions que je prends aujourd'hui qui forgeront mon avenir. »

Respecter le point de vue d'autrui

Il n'y a personne au monde qui pense ou ressente les choses exactement comme vous. La pensée et le ressenti sont des expériences individuelles. Par conséquent, il n'y a pas non plus deux personnes qui ont exactement le même point de vue.

Parfois, nos points de vue peuvent être si alignés l'un sur l'autre que les différences ne sont pas aussitôt apparentes. D'autres fois, ils divergent tellement qu'il semble difficile de trouver le moindre point commun. La clé, pour respecter l'opinion d'autrui, c'est de garder l'esprit ouvert par rapport à votre propre point de vue.

Si vous examinez vos croyances et vos points de vue avec ouverture d'esprit, vous verrez à quel degré vous y êtes attaché. Dans le cas inverse, vous n'arrêterez pas de vouloir rallier les autres à votre perspective, souvent sans même en avoir conscience. C'est en identifiant quel est votre niveau d'attachement à vos croyances, vos opinions et vos points de vue que vous parviendrez à respecter les pensées et les sentiments d'autrui.

Exercice

En conscience, dans la journée, examinez vos croyances et votre point de vue la prochaine fois que vous serez en désaccord avec quelqu'un. Même si vous ne changez pas forcément de point de vue, le seul fait d'être ouvert à d'autres possibilités et d'autres perspectives vous permettra de respecter l'opinion d'autrui.

Acceptez-vous sans condition

Chaque fois que vous vous regardez dans le miroir et que vous discernez une caractéristique physique qui vous déplaît, c'est le signe que vous avez conclu un accord, du genre « ce n'est pas beau » ou « c'est inacceptable ». Selon cet accord, cette caractéristique vous empêche d'avoir l'apparence que vous « devriez » avoir.

Les personnes anorexiques ou boulimiques nous en offrent un exemple extrême ; elles ont conclu l'accord qu'être mince et être belle sont synonymes. Même si une anorexique est déjà trop mince de sept kilos, son accord est si puissant qu'il déforme ce qu'elle observe dans le miroir.

C'est un exemple utile, parce qu'il illustre la nature destructrice de ce genre d'accord. Cela dit, chez bon nombre d'entre nous, les jugements négatifs que nous portons sur notre apparence physique sont plus difficiles à discerner ; parfois, on s'y est tellement habitué qu'on trouve ça normal : nos jugements contre nous-mêmes nous semblent être des faits !

Exercice

Regardez-vous dans la glace. Si vous entendez la voix de votre juge intérieur à propos de telle ou telle de vos caractéristiques, sachez que ce qui vous conduira à retrouver la paix et le bonheur, ce n'est pas de changer d'apparence physique, mais de modifier vos accords. Vous êtes parfait(e) tel(le) que vous êtes en cet instant. Chacune de vos caractéristiques est divine.

Regardez-vous dans le miroir et dites-vous : « Je t'aime Tu es beau/belle comme tu es. »

Qu'y a-t-il dans un nom ?

Un symbole représente une idée ou un concept dont la définition et la signification dépendent d'un accord passé entre individus ou communautés. Les symboles sont de formidables raccourcis et nous aident à communiquer les uns avec les autres, mais nous devrions toujours garder à l'esprit notre tendance à conférer à ces symboles un pouvoir inhérent qu'ils ne possèdent pas vraiment.

Par exemple, votre nom est un symbole qui vous permet d'être identifié comme une expression individuelle de la conscience dans le Rêve de la Planète. Mais, comme avec chaque symbole, un nom ne fait que désigner la vérité ; il n'est pas la vérité elle-même.

Lorsque je me présente, je dis : « Je suis Miguel. » C'est une façon courante et utile de se présenter, dans notre Rêve commun. Mais je sais bien que cela ne représente pas totalement qui je suis, car l'essence de mon être est autrement plus grande que ce qu'un nom peut décrire. Il en va de même pour vous.

Exercice

En conscience, aujourd'hui, rappelez-vous que votre nom et votre identité sont des symboles utiles, mais qu'ils ne vous définissent pas. Ce que vous êtes réellement, c'est une manifestation unique de la vie Une, qui n'est assujettie à aucun symbole.

Faites ce qui vous passionne

Qu'est-ce que vous aimez faire ? La réponse à cette question est aussi variée que les sept milliards d'habitants actuels de la planète, et chacune est juste pour chaque personne.

Lorsqu'on s'adonne à ce qu'on aime faire, on a une vie remplie de joie et on crée des vagues d'énergie positive qui touchent tous ceux que nous croisons. Trop souvent, cependant, la vieille voix du jugement s'élève en nous et dit des choses du genre : « Ça ne marchera jamais » ou « tu n'es pas réaliste », voire « si tu fais ça, tu vas te planter ».

En développant votre conscience, vous constaterez que cette voix n'émanait pas – ne *pouvait* même pas émaner – de vous-même. Ces graines de doutes ont été semées dans votre esprit voici bien longtemps. Le but de cet examen n'est pas de trouver qui les a plantées et de les en accuser, mais plutôt de comprendre que votre vraie nature vous encouragera toujours à suivre votre cœur.

Exercice

Aujourd'hui, prenez du temps pour faire ce qui vous passionne. Vous saurez que telle chose est vraie pour vous, car en la faisant vous vous sentirez vivant.

Voir davantage que le corps et le mental

De même que je ne suis pas ce corps, je ne suis pas non plus mon mental. Notre intellect est malléable, car nos idées, notre perception de nous, changent en fonction de notre vécu. Notre mental s'adapte, car il est fait pour cela. Donc nous ne nous perdons pas, même quand nous changeons d'idée !

Ainsi, même si le mental change, il existe en nous une partie qui ne change pas. Je suis toujours moi-même, et vous êtes toujours vous.

Bien sûr, le travail que nous entreprenons ici, comme celui que proposent nombre de grandes traditions spirituelles, consiste à purifier le mental. C'est un peu comme l'entretien d'une voiture : vous faites une vidange et elle roule mieux. Il en va de même avec notre psyché. Quand on en a éliminé la négativité, les jugements, l'amour conditionnel, on se sent bien mieux, car on a l'esprit clair.

Mais peu importe le degré de pureté et de raffinement mental que vous atteindrez, vous finirez par comprendre que ce n'est là qu'une partie de vous-même, et non qui vous êtes vraiment.

Exercice

Prenez conscience de la présence qui existe derrière vos pensées, derrière votre esprit. Votre vrai moi est cette présence consciente, l'espace dans lequel opère votre mental.

Soyez des artistes

Mon père dit souvent : « Notre vie est notre canevas : nous sommes tous des Picasso. »

Qu'est-ce que cela signifie ?

Porter un regard d'artiste sur la vie signifie accepter que tout ce que vous faites se résume à une œuvre en cours de création, un chef-d'œuvre sans fin. Chaque coup de pinceau est parfait, du seul fait qu'il existe. À mesure que la peinture recouvre la toile, le tableau s'agrandit et évolue pour devenir ce qu'il est, même si l'on n'a pas toujours de modèle pour rester dans le cadre. Qu'il s'agisse de gribouillis colorés ou d'un paysage détaillé, chaque composante de l'ensemble est complète en soi, même si nous continuons de peindre et que les choses changent et évoluent à chaque nouveau coup de pinceau de la vie.

Exercice

Aujourd'hui, au fil de la journée, considérez que tout ce qui arrive est parfait et qu'il est tout simplement impossible de commettre une erreur. En abordant la vie ainsi, vous parviendrez à cultiver un amour inconditionnel pour vous-même. Vous aimez l'artiste, et vous aimez l'œuvre que vous créez.

La fête

Imaginez-vous que vous êtes à une fête au milieu d'un millier d'invités. Tout le monde est saoul, sauf vous. En regardant alentour, vous constatez que tout le monde a l'air fou et désorienté ; personne n'y voit clair. Qui plus est, chacun pense que vous êtes saoul, vous aussi !

Comment vous comporteriez-vous avec les autres, dans une telle situation ? Il serait futile de vouloir raisonner avec eux ou de tenter de les convaincre de quoi que ce soit. Il serait également futile de prendre le moindre de leurs actes au sérieux, puisque de toute évidence, ils n'ont pas tous leurs esprits. Vous feriez peut-être le choix de faire semblant d'être saoul, juste pour vous mêler aux autres.

Nombreux sont les gens dans le Rêve de la Planète qui sont tellement prisonniers du brouillard du *mitote* (les mille et une voix qui parasitent notre mental et tentent toutes de capter notre attention) qu'ils ne savent pas qui ils sont vraiment. Ils agissent de diverses manières, en étant captifs de leur ego.

Exercice

En conscience, rendez-vous compte que même si les autres peuvent penser et agir de manière irrationnelle, vous pouvez néanmoins préserver votre propre clarté. Quand il vous semble parfois que le groupe vous met à l'épreuve, n'oubliez pas qui vous êtes vraiment.

La vraie motivation

Plus nous nous familiarisons avec la manière dont nous avons été domestiqués par les autres et dont nous nous sommes aussi domestiqués nous-mêmes, plus nous pouvons examiner la motivation de chacun de nos actes et conclure de nouveaux accords qui reflètent la manière dont nous voulons vraiment vivre notre vie.

Par exemple, si vous aimez ce que vous faites, peu importe le résultat final, puisque le cheminement est agréable. Dans ce cas, tout résultat sera bienvenu, puisque vous aimez l'action qui le sous-tend. Si, en revanche, vous faites quelque chose seulement pour le résultat final et que vous n'appréciez pas le processus, c'est le signe que vous agissez sous l'influence de votre domestication, et non sur la base d'un intérêt sincère.

Exercice

En conscience, examinez ce qui vous pousse à agir. Vous constaterez que vous faites certaines choses à cause de votre domestication. Une fois que vous aurez identifié cela, rappelez-vous de faire preuve de gentillesse à votre égard ; vous n'allez pas tout changer du jour au lendemain.

Sortez de votre histoire

De nombreuses traditions spirituelles vous enjoignent à être l'observateur, le témoin de votre mental. Mais qu'est-ce que cela signifie au juste ? Vous devenez l'observateur lorsque vous parvenez à vous extraire de votre propre histoire, de vos pensées et de vos croyances, et à voir ainsi les choses avec une perspective différente.

Cette capacité à observer vos propres pensées et croyances vous permet de remettre en question et de réexaminer toutes celles que vous cultivez. Rappelez-vous qu'à chaque carrefour de votre vie, vous avez le choix de poursuivre dans la même direction ou pas : il est donc utile de vérifier à intervalles réguliers si ce que vous affirmez croire est à jour ou non.

Au final, cette posture de témoin ou d'observateur nous montre que nous ne sommes ni nos pensées ni nos croyances : nous sommes plutôt la présence qui leur donne vie. Dans ce rôle, nous prenons conscience des pensées qui nous traversent et nous pouvons décider une nouvelle fois si nous sommes d'accord avec ou pas. C'est particulièrement utile quand nous ne voulons plus croire aux jugements qui vont de pair avec notre amour conditionnel.

Exercice

Aujourd'hui, rappelez-vous que les pensées vont et viennent. Vous n'êtes pas obligé d'être d'accord avec toutes celles qui vous traversent. En conscience, vous pouvez conclure de nouveaux accords, mentalement, qui servent votre idéal le plus élevé, tout comme vous pouvez également renouveler ceux, parmi vos accords anciens, qui restent vrais aujourd'hui.

Redéfinir la perfection

Dans la tradition toltèque, le fait de voir la vie avec les « yeux du juge » revient à définir la perfection comme un état libre de tout défaut. Lorsqu'on porte ce regard-là sur la vie, chaque être et chaque chose que nous voyons – y compris nous – sont ainsi sujets à jugement quant à la perfection qu'ils pourraient atteindre.

Voilà comment nous imposons notre amour conditionnel aux autres comme à nous-mêmes, et voilà comment des jugements se forment pour punir et domestiquer les autres et soi-même, doublés de condition quant à ce qu'il faut faire pour être digne d'être accepté et aimé.

En réalité, un défaut ne signifie que ce que nous décidons ; son sens et son interprétation dépendent d'un accord. Voilà pourquoi la déclaration suivante est si profondément vraie : « Nous sommes parfaitement imparfaits. »

Exercice

En conscience, prenez-vous sur le fait aujourd'hui chaque fois que vous portez sur la vie le regard du juge. Vous et moi, ainsi que tout le monde, sommes parfaits comme nous sommes en cet instant précis.

La conscience est la première étape du changement.

L'ÉCOUTE ACTIVE

De nombreuses personnes nous font part de leur opinion quant à la façon dont elles estiment que nous devrions vivre. Au point que, parfois, nous avons l'impression d'être tiraillés entre plusieurs directions qui dépendent de ces opinions : notre tâche principale consiste alors à rester dans notre centre.

Rappelez-vous qu'une opinion n'est pas un fait : vous pouvez choisir à quelles opinions vous donnez ou non votre accord. Quand l'un de vos proches vous donne un conseil, l'important est de l'écouter et de l'honorer en respectant son point de vue. Mais le respect que vous portez à son opinion ne signifie pas pour autant que vous soyez d'accord avec.

En conscience, nous pouvons écouter et évaluer l'opinion de chacun, mais au final, la manière dont nous choisissons de vivre dépend exclusivement de nous. Nous savons que notre voix intérieure nous guidera sur le chemin que nous avons choisi.

Exercice

En conscience, aujourd'hui, écoutez votre voix intérieure. Même si les autres ont beaucoup à vous offrir *via* le point de vue qui est le leur, rappelez-vous avant tout d'être fidèle à vous-même. Écoutez attentivement les autres, mais écoutez tout aussi soigneusement votre propre voix intérieure.

La peur qui paralyse

Parfois, ce ne sont pas les peurs évidentes qui font obstacle à votre joie, mais bien celles qui sont tapies sous la surface, à l'abri de nos regards. Si vous constatez que vous sabotez vous-même votre bonheur, que vous remettez la réalisation de vos rêves à plus tard, que vous minimisez vos réalisations, il est probable qu'une peur cachée soit à l'œuvre.

Lorsque vous projetez le phare de la conscience sur les zones d'ombre où la peur réside, vous constatez que ces peurs sont bien souvent pareilles à des bouffées de fumée. Au départ, elles paraissent solides, mais sitôt qu'elles sont mises en lumière, elles se dissipent et retournent au néant. Soyez courageux et faites une pause pour affronter vos peurs. Arrêtez de nourrir vos doutes et votre insécurité, et consacrez-vous plutôt au développement de votre inspiration et de votre passion.

Exercice

Quand vous constatez que ce n'est pas la joie qui vous habite, posez-vous la question : « Quelle peur m'empêche d'apprécier la perfection de cet instant ? » Une fois cette peur identifiée, vous constaterez qu'elle concerne un événement à venir, comme c'est toujours le cas. En conscience, rappelez-vous alors que vous êtes parfait comme vous êtes ; vous n'avez rien à craindre, car il est impossible de nuire à votre vrai moi.

Aimer dans l'instant présent

Aimer chacun sans condition, y compris soi-même : voilà la clé de la paix.

Pourtant, nous avons plus de facilité à aimer inconditionnellement un inconnu qu'un membre de notre propre famille, voire nous-mêmes. Pourquoi ? L'une des raisons à cela, c'est que – s'agissant de nos proches – nous portons le fardeau des « torts » qu'ils ont commis par le passé et que nous le projetons dans l'instant présent. Tandis qu'avec un inconnu, ce fardeau n'existe pas, aucune chaîne émotionnelle ne nous empêche d'apprécier pleinement l'amour parfait qui existe en ce moment. C'est pour cela que le pardon et le lâcher-prise sont si importants. Quand nous sommes prêts à franchir ce pas, cela nous permet de guérir les plaies qui nous divisent. Quand nous nous aimons de manière inconditionnelle, nous arrivons à accepter la vérité que nous n'étions pas prêts à pardonner. Le respect commence par soi-même.

Exercice

En conscience, rappelez-vous de voir toutes les personnes présentes aujourd'hui dans votre vie avec un regard neuf. La personne assise à votre table aujourd'hui n'est pas celle qui s'y tenait hier. Vous n'êtes pas non plus pareil à celui que vous étiez hier. Le pardon nous permet d'aimer chaque être tel qu'il est dans l'instant.

Changer le monde

Il y a une phrase que mon père utilise assez régulièrement : « Aidez-moi à changer le monde. » C'est une intention magnifique qui vise à fixer notre attention, notre amour et notre compassion sur nous-mêmes et sur tout le monde. Mais on ne peut pas changer le monde en prétendant être quelqu'un que l'on n'est pas. Le seul fait de prétendre cela signifie que vous vous rejetez.

La première étape consiste à vous accepter comme vous êtes, avec vos « défauts » et tout le reste. L'ironie de la chose, c'est que sitôt que vous vous acceptez, vous réalisez que ce que vous preniez pour un défaut n'en était pas un, et si vous changez ensuite, c'est parce que vous le voulez, et non parce que vous y êtes obligé.

Exercice

En conscience, rappelez-vous que le moment où vous vous acceptez comme vous êtes est aussi celui où vous commencez à changer le monde. Vous ne pouvez pas donner ce que vous ne possédez pas. Vous ne pouvez pas offrir votre amour et votre respect à vos frères et sœurs sans commencer par apprendre à vous aimer et à vous respecter vous-même, tel que vous êtes. Il n'y a rien qu'on puisse qualifier de « défaut » chez quiconque, y compris vous. Tout le monde ne fait qu'exprimer son intention dans la vie.

Être émerveillé

Une fois adultes, nous oublions souvent combien le monde est étonnant. On se laisse prendre par le travail, les soucis, les doutes et les peurs. Nous croulons chaque jour sous le poids des responsabilités, au point d'oublier de lever les yeux pour voir la beauté du monde qui nous entoure.

Les jeunes enfants sont des formidables exemples de cette qualité essentielle qui favorise la légèreté et une conscience joyeuse : l'émerveillement. Quand vous puisez dans cette capacité qu'a l'enfant en nous à s'émerveiller de l'apparence et du fonctionnement de toute chose, quand vous êtes en admiration devant la totalité de la création, vous dissolvez toute négativité, tout stress, pour les remplacer par une présence délicieuse.

Exercice

En conscience, portez un regard neuf sur le monde qui vous entoure. Émerveillez-vous des petites choses : le rouge parfait d'une fraise, la poignée de porte de votre voiture, l'agrafeuse au travail. Que votre journée soit remplie de la magnificence de la vie !

Ôter les masques

C'est par choix délibéré que je me suis engagé dans la voie toltèque, en ayant pleinement conscience que ce nom de « toltèque » se réfère à des actions ou à des accords qui appartiennent à une certaine philosophie. Je fais le choix de me qualifier de toltèque, mais j'ai conscience que si je ne le faisais pas, cela n'amoindrirait pas mon accord ni les leçons que j'ai apprises de cette tradition.

Il en va de même pour la tradition que vous choisissez d'adopter. Rappelez-vous que c'est vous qui êtes le pouvoir qui donne vie à cette identité, à ce masque que vous choisissez de porter. On souffre sitôt qu'on oublie cela et que l'un de nos masques devient plus important que notre Moi authentique. Ce faisant, on abandonne son pouvoir à l'identité que l'on a choisi d'adopter, aussi noble soit la vision qu'on en a.

En conscience, rappelez-vous que c'est vous qui venez en premier, et que toute identité que vous décidez d'adopter ne vient qu'en second. Le pouvoir est en vous.

Exercice

Prenez quelques instants pour réfléchir aux masques que vous avez accepté de porter, au fil des ans. Est-ce que vous vous identifiez à certains groupes, à certains styles ou philosophies ? Quelles que soient les identités que vous avez adoptées, rappelez-vous que vous possédez en vous le pouvoir d'ôter ces masques et de révéler votre vrai Moi.

Trouvez votre centre

Parfois, notre vie peut devenir si frénétique et chaotique qu'on a l'impression d'être pris dans un ouragan. Avec tout ce qui tournoie autour de nous, notre niveau de stress s'élève, à mesure que nous tentons de contrôler non seulement ce qui est en notre pouvoir mais aussi les éléments périphériques sur lesquels nous n'avons aucune influence. À vouloir ainsi contrôler toute l'étendue de l'ouragan, nous perdons notre pouvoir. Résultat : nous souffrons.

Il est facile de se laisser happer par la tempête et d'oublier de rester au centre, dans notre pouvoir. L'ouragan existe parce que vous existez. Sa force émane directement de vous. En conscience, vous pouvez revenir dans votre centre. Vous pouvez trouver le calme dans la tempête.

Exercice

Pour revenir au centre et reprendre votre pouvoir, posez-vous la question : « Qu'est-ce qu'il y a de plus important pour moi, dans la vie ? »

Quand vous connaîtrez la réponse, il sera beaucoup plus facile d'apprivoiser l'ouragan. Vous parviendrez mieux à vous concentrer sur ce qui est important et à ne plus être détourné de l'essentiel par d'autres choses. Votre conscience de ce qui est vital vous permet de préserver votre équilibre dans tout ce que vous faites.

S'amuser

Nous abordons notre vie spirituelle en grande partie comme notre vie professionnelle : avec concentration et sérieux. Il n'y a rien de mal à cela, du moment que nous nous rappelons que notre existence n'est pas complète sans une autre composante importante : savoir s'amuser !

Prendre le temps de rire et de jouer peut vous aider à vous détendre, à soulager vos tensions et à rester équilibré, autant de facteurs qui vous aideront à rester conscient. Si vous passez trop de temps sans vous détendre, sans récréation, vous allez vous faire piéger dans une attitude trop sérieuse qui va rétrécir votre angle de perception et vous faire voir toute chose comme une corvée ou un défi, et non comme une opportunité à saisir. Au lieu d'accueillir la vie, vous vous forcez à accomplir chaque corvée pour avancer jusqu'au prochain obstacle, la prochaine rencontre ou l'heure suivante.

Infuser des moments d'amusement bienfaisants dans chacune de vos journées, c'est l'antidote parfait à une attitude trop sèchement sérieuse. Le jeu stimule votre créativité. S'amuser, ce n'est pas seulement le truc qu'on fait une fois le travail terminé : c'est une véritable nécessité pour notre santé et notre bonheur.

Exercice

En conscience, rappelez-vous que l'équilibre est la clé d'une vie épanouie et que l'amusement en fait partie intégrante. Alors entreprenez sérieusement cette tâche consistant à vous amuser davantage aujourd'hui !

Les narrateurs et l'amour conditionnel

Si nous ne sommes pas conscients, nos narrateurs peuvent jouer un rôle déterminant dans nos relations de couple en faisant peser sur le comportement de notre partenaire toutes sortes d'attentes et de conditions. C'est le cas chaque fois que vous vous dites des choses du genre :

« Mon partenaire *devrait* faire ceci. »

« Notre amour *devrait* être comme cela. »

« *Il faut* que mon partenaire *change* ceci pour que je sois heureux/se. »

Toutes ces déclarations illustrent ce qu'est un amour conditionnel. Ce sont nos narrateurs qui en sont à l'origine, puisqu'ils ne cessent de promulguer les croyances et idées auxquelles nous avons donné notre accord, notre vie durant, quant à ce que devrait être une relation amoureuse.

Exercice

Lorsqu'on juge l'être aimé du point de vue de ses narrateurs, on passe complètement à côté de la personne merveilleuse qu'il ou elle est dans l'instant présent. On est aveuglé par notre attachement à ce qu'il ou elle «devrait» être, au lieu de l'aimer sans condition.

En conscience, acceptez les gens qui vous sont le plus proches tels qu'ils sont. Quand vos narrateurs expriment leurs critiques ou énoncent leurs conditions, contentez-vous de sourire et dites-leur : « Non, merci, je ne suis plus d'accord avec votre position. » Prenez l'engagement de montrer à votre entourage combien vous l'aimez, et traitez-le avec gentillesse, quoi que vos narrateurs puissent dire.

Identifier sa propre domestication

Nous sommes les seules créatures sur cette planète à nous autodomestiquer. Chaque fois que vous vous inventez une explication qui servira de condition à vous aimer et à vous accepter, sachez que vous êtes en train de vous domestiquer et que l'outil que vous utilisez à cette fin est le jugement de soi.

Le jugement de soi, c'est la punition que vous vous infligez faute d'atteindre vos propres exigences : voilà comment vous vous martyrisez, dans l'espoir de devenir la personne que vous estimez devoir devenir.

Exercice

En conscience, prenez note de toutes les manières subtiles dont vous vous jugez, chaque fois que vous n'êtes pas à la hauteur de vos attentes. Cette prise de conscience est la première étape avant de vous en libérer. Vous êtes absolument parfait comme vous êtes. Vous n'avez rien à faire pour mériter votre amour.

L'importance d'une bonne écoute

Apprendre à écouter les autres sans donner de pouvoir sur vous à leurs propos, voilà qui vous permettra de prendre conscience de votre propre vérité. Vous distinguerez ainsi ce qui est vrai de ce qui est illusoire, de ce qui n'est qu'un mensonge alimenté par le besoin de se donner de l'importance.

Lorsqu'on agit en conscience, notre vérité n'a pas à être défendue par le mécanisme d'une dispute qui ne fait que nourrir l'ego. Il faut très peu d'énergie pour simplement exprimer notre vérité, si c'est cela que nous choisissons de faire.

Exercice

Aujourd'hui, écoutez ce que disent les autres en gardant l'esprit ouvert : écoutez-les complètement et honorez leur point de vue. Veillez à ne pas critiquer leurs propos ni à les mettre sur un piédestal. Honorez plutôt leurs idées de la même manière que vous voudriez qu'ils honorent les vôtres. Les autres décident ce qui est vrai pour eux, et vous, vous choisissez ce qui est vrai pour vous.

La conscience peut vous affranchir

Quand vous êtes conscient, les accords que vous concluez ne sont pas assujettis à une identité. Par contre, si vous ne l'êtes pas, vous êtes l'esclave de l'identité que vous vous êtes forgée.

Par exemple, je suis libre de donner mon accord ou pas à la philosophie toltèque (ou à n'importe quelle autre), de l'examiner et de m'investir dedans autant que j'en ai envie. Je suis libre de nouer des relations avec les gens qui préfèrent d'autres traditions ou philosophies. Je ne suis pas assujetti à mon identité « toltèque ».

Il en va de même pour toute croyance : investissez-vous dedans aussi longtemps que vous le désirez, en ayant pleinement conscience que vous êtes un être vivant, doté du plein potentiel de vivre sa vie avec ou sans cet accord-là.

Exercice

À quelles identités vous êtes-vous assujetti(e) ? En conscience, rendez-vous compte que votre Moi est plus vaste que n'importe laquelle de vos identités d'adoption.

Les cinq sens

Nos cinq sens représentent cinq manières de prendre conscience de la vie. La majorité d'entre nous s'appuient prioritairement sur le sens de la vue, mais ceux du toucher, de l'ouïe et de l'odorat vous aident également à rassembler des données sur le monde environnant. Pour en tirer le meilleur, concentrez-vous sur l'un de vos sens à la fois.

Lorsque vous ralentissez et que vous prêtez attention à votre sens du goût ou du toucher, divers aspects de votre être sortiront de la torpeur de l'habitude. Quand vous prenez le temps d'écouter ou de sentir pleinement les choses, votre cerveau se délecte de l'expérience des sons et des arômes que lui offre l'instant présent. Quand vous portez sur les choses un regard neuf, tout en est renouvelé.

Exercice

Après avoir lu ceci, fermez les yeux quelques instants et contentez-vous d'écouter, de goûter aux myriades de sons qui vous entourent. Qu'est-ce que cet angle de perception vous apprend sur vous-même et sur le monde ? L'attention que vous prêtez à vos cinq sens vous maintient ancré(e) dans la conscience.

Se libérer du jugement

Si vous avez peur de vous aimer inconditionnellement, c'est en raison des conditions que vous vous êtes imposées. Chaque fois que vous n'êtes pas à la hauteur de ces conditions, votre juge intérieur déclare : « J'ai échoué » ou « je suis nul ».

Ces jugements sont renforcés par les gens qui éprouvent également le besoin de nous soumettre à leurs conditions, mais au final leur force ne provient que de la validité que nous leur donnons. Une fois votre domestication achevée, vous développez un système de défense interne assez élaboré qui s'autorenforce en excluant l'éventualité de pouvoir ne serait-ce que remettre en question ces pensées négatives.

C'est de là que provient la peur, qui nous protège du poison que nous administrent ces jugements. La bonne nouvelle, c'est qu'il suffit de franchir un seul pas pour commencer à se libérer. Sitôt que nous remettons en question nos croyances, les murs qui les soutiennent commencent à s'écrouler.

Exercice

Vous n'avez qu'un petit pas à franchir pour vous aimer sans condition, pour dire simplement : « Oui ! Je mérite mon propre amour. »

La vraie qualité

La vraie qualité émerge sitôt que vous consacrez toute votre attention à ce que vous accomplissez et que vous faites de votre mieux, que ce soit dans votre vie professionnelle, vos relations personnelles ou vos hobbies.

On fait quelque chose de qualité quand on prend le temps nécessaire pour apprendre, comprendre et pratiquer les compétences requises pour le réaliser avec excellence. Attention : l'excellence, ici, n'est pas la même chose que la perfection telle que l'imagine le juge, qui sert de fondement à l'amour conditionnel et demeure inatteignable. L'excellence, c'est simplement un travail bien accompli dont vous êtes fier.

Il est impossible d'atteindre la qualité véritable sans conscience.

Exercice

Y a-t-il certains aspects de votre vie dans lesquels vous pourriez améliorer la qualité de votre engagement ? La question ne vise pas à stimuler votre juge intérieur, mais plutôt à vous aider à prendre conscience des domaines dans lesquels vous pouvez vous investir avec une plus grande conscience. Quand vous infusez de la conscience dans votre vie, tout ce que vous faites atteint l'excellence.

Aimer sans condition

On souffre quand on essaie de combattre l'évolution de l'amour, quand on tente de négocier en disant des choses telles que : « Tu devrais m'aimer comme ceci » ou « je devrais t'aimer comme cela ».

Pourtant, si vous regardez profondément en vous, vous verrez que l'amour est là, qu'il a toujours été là, pour vous comme pour tout le monde, et que vous ne pouvez pas le contrôler. Et pourquoi le vouloir, d'ailleurs ?

Exercice

En conscience, répétez l'affirmation suivante : « Aujourd'hui, je demeurerai dans l'amour et ses manifestations à jamais changeantes. »

LA PRATIQUE DU NON-ATTACHEMENT

Quand vous croyez que telle personne, telle place, telle chose ou telle situation doit rester exactement comme elle est, pour que vous soyez heureux, vous venez de la confondre avec ce que vous êtes vous-même. En bref, vous vous êtes forgé un attachement.

Quand cette chose ou cette personne extérieure changera – et tôt ou tard, tout change –, comment réagirez-vous ? Si vous en avez fait dépendre votre identité, vous allez vouloir la défendre, vous serez prêt à vous disputer et à vous battre pour ; ce faisant, vous provoquerez des souffrances en vous-même et chez votre entourage.

Exercice

Aujourd'hui, rappelez-vous que vous êtes toujours vous-même, dans votre entièreté et votre complétude. Les gens, les lieux et les choses vont et viennent, mais rien d'extérieur à vous ne peut altérer votre magnifique perfection.

La conscience du souffle

La respiration est une expression de votre force vitale pure, une manifestation de votre intention. Sans souffle, la vie dans un corps est impossible, pourtant nombreux sont ceux qui n'ont pas fait une respiration consciente depuis très, très longtemps.

Exercice

Arrêtez-vous un instant pour respirer. Soyez la force vitale consciente qui entre et sort de votre corps.

En cet instant, vous êtes vivant et tout est possible. La seule chose qui compte, c'est votre respiration. Vos narrateurs internes peuvent bien causer et tenter de vous faire croire que vous avez des choses plus importantes à faire ou à creuser : ignorez-les.

Ayez confiance dans le fait que la seule chose que vous ayez besoin de faire en cet instant est de respirer. Fermez les yeux et écoutez votre souffle sans vous laisser distraire. La seule chose importante se déroule en cet instant même.

Chaque fois que vous inspirez, imaginez que l'amour pénètre directement dans votre cœur, qu'il circule ensuite dans tout votre corps et purifie toute émotion de votre cœur et toute pensée de votre esprit. À chaque expiration, libérez-vous de toute opinion ou croyance qui n'est pas au service de votre idéal le plus élevé.

CHANGER D'AVIS

Bien que le changement soit une constante de la vie, s'il est bien une chose avec laquelle beaucoup d'entre nous ont du mal, c'est le fait de changer d'avis.

Mais à mesure que nous changeons, notre manière de voir le monde change elle aussi. Par conséquent, il se peut que certaines idées avec lesquelles nous n'aurions jamais été d'accord autrefois nous semblent envisageables aujourd'hui. L'inverse est également vrai : on peut rejeter un jour des choses avec lesquelles on était d'accord auparavant.

Quand une telle chose arrive, nos narrateurs se manifestent généralement pour dire : « Non ! ce n'est pas toi, ça ne te ressemble pas. Tu n'as jamais fait/pensé cela jusqu'ici ! » Ça, c'est la voix de l'ego qui s'accroche au passé et tente de contrôler la situation. Souvent, nos opinions et nos accords passés se fondent sur l'avis d'autrui plutôt que sur le nôtre.

Être prêt à changer d'avis est un signe de maturité. Ça montre que vous évoluez et que vous pensez par vous-même.

Exercice

En conscience, réfléchissez aux aspects de votre vie à propos desquels vous avez déjà changé d'avis. Ce sont des zones de croissance. Raison de plus pour continuer de réévaluer vos croyances et pour changer d'avis quand une opinion ne vous correspond plus.

Penser au positif

Entamer une nouvelle pratique capable de réduire votre critique intérieur au silence et de développer en vous une conscience durable, cela va prendre du temps. Vos pensées négatives ne sont pas apparues du jour au lendemain, et elles ne disparaîtront pas non plus en claquant des doigts. Mais sachez cependant que c'est une des choses les plus importantes que vous entreprendrez jamais, sinon *la* plus importante. Sachez pour commencer que vous êtes à la hauteur, comme vous êtes. Aujourd'hui, je vous demande de vous honorer et de vous aimer, simplement parce que vous existez.

Exercice

Dites-vous immédiatement : « Ma vie vaut quelque chose. » Avec cette affirmation, vous semez la graine de l'amour inconditionnel dans votre cœur et votre esprit, en projetant une lumière sur les zones obscures de l'amour conditionnel.

La répétition de cette affirmation toute simple en fera une pratique qui prendra le dessus sur les voix négatives de vos narrateurs internes, ceux qui n'arrêtent pas de vous dire : « Tu ne vaux rien » ou « tu ne le mérites pas » ou encore « tu n'es pas à la hauteur ».

En vérité, vous êtes plus qu'à la hauteur ! Vous êtes parfait comme vous êtes.

La mort

Dans la tradition toltèque, il existe une pratique qui nous aide à développer la conscience de la beauté de la vie, en nous liant d'amitié avec un allié improbable : la mort.

Imaginez ce qu'il arriverait si vous cessiez de vivre comme si vous étiez là pour l'éternité, afin d'accueillir plutôt la vérité que chaque jour est un cadeau inestimable. L'ange de la mort peut venir vous chercher à tout moment.

Quand vous avez conscience de votre propre mortalité – non pas comme quelque chose à craindre, mais comme une amie et une instructrice –, chaque moment devient croustillant et parfait tel qu'il est. Les couleurs semblent plus vives, nos amis nous deviennent plus précieux et nos problèmes perdent de leur emprise sur nous. Il devient plus important de savourer la substantifique moelle de chaque jour que de se préoccuper du passé ou de redouter l'avenir.

Exercice

Posez-vous les questions suivantes : « Si c'était la dernière journée de ma vie, comment me comporterais-je vis-à-vis des autres et de moi-même ? Quelles conversations, trop longtemps retardées, aurais-je ? De quoi déciderais-je de profiter aujourd'hui ? »

Guerre et paix

Le regard du juge, le parasite, les narrateurs internes, le *mitote*, le Miroir de Fumée, la domestication : ce sont là autant de métaphores de la tradition toltèque qui expliquent comment fonctionne votre mental. Celui-ci s'est forgé une identité égotique qui s'appuie sur des notions de manque, de rareté, de jugement et de compétition, dont il a du mal à se défaire. Mais le seul endroit où la guerre peut éclater en vous, c'est dans l'intellect.

Votre vrai moi est pure félicité : il est toujours en paix. Voilà pourquoi je dis que chaque personne que je rencontre, chaque être que je croise, est une expression du Moi authentique. Ce ne sont que nos jugements et nos pensées qui nous empêchent de distinguer la vérité sur soi et sur autrui, une vérité si élémentaire qu'elle en est parfois difficile à saisir pour le mental.

Exercice

Investissez pleinement l'instant présent et laissez toute chose être telle qu'elle est. Vous, moi et tout ce qui nous entoure sommes parfaits. Que la perfection soit !

Conclusion

Bien que vous voilà parvenu(e) au bout de ces méditations quotidiennes, la pratique de la conscience est un cheminement à vie.

Chaque jour, quand vous êtes dans le monde, le Rêve de la Planète vous met au défi de conserver votre pleine conscience tout en participant à la vie, en évitant les écueils de la domestication et de l'amour conditionnel qui s'expriment si souvent dans notre société.

La plupart des gens ne vivent pas une existence monacale dans un monastère retiré au milieu de nulle part, libres de développer leur conscience dans la solitude. Comme vous et moi, ils vivent plutôt en société – dans le Rêve de la Planète –, où les gens qu'ils aiment et l'agitation du monde tentent de capter leur attention de toutes les manières possibles. Même ceux qui vivent dans un ashram ou un monastère, des lieux créés presque exclusivement pour y développer la conscience, vous diront que leur monde est loin d'être exempt de toute distraction. Alors peu importe où vous vivez, la condition humaine universelle vous fera tantôt accéder à la pleine conscience, tantôt la quitter.

En ce qui me concerne, j'aborde chaque journée en sachant que je risque par moments de perdre ma conscience et de retomber dans mes habitudes, ma domestication et mon amour conditionnel. Les gens que je rencontre ont des attentes quant à ce que je suis censé être et la façon dont je dois me comporter, et si je me mets à croire à leurs attentes – ne serait-ce qu'un peu –, je me soumets aussitôt à leur idée de la perfection. C'est la tentation à laquelle l'amour conditionnel nous soumet sans cesse.

Pour ceux d'entre nous qui sont sur la voie toltèque, ou à vrai dire sur n'importe quel autre chemin spirituel, nous devons veiller à ne pas transformer notre quête de liberté personnelle – ni aucune autre méthode de développement personnel – en une nouvelle forme d'autodomestication ou en une justification de l'amour conditionnel : « Si je ne suis pas à la hauteur de mes exigences, je ne mérite même pas mon amour. » Le développement de la conscience peut nous aider à ne pas tomber dans ce piège.

Voici une petite histoire personnelle qui illustre assez bien ce défi permanent. En janvier dernier, je me suis regardé dans la glace et je me suis dit : « Miguel, tu es parfait et je t'aime comme tu es. Je pense que tu serais encore en meilleure santé et que tu profiterais davantage de la vie si tu recommençais à pratiquer le jogging. »

Au cours des années précédentes, je courais assez régulièrement, mais cela faisait un certain temps que je ne l'avais plus fait. Par conséquent, j'ai dépoussiéré mes vieilles chaussures de course et je suis allé courir. J'ai parcouru un peu plus d'un kilomètre avant de devoir m'arrêter. Je sentais mon cœur battre à tout rompre et il m'a fallu un bout de temps pour retrouver mon souffle. J'ai été assez surpris de la difficulté que j'avais eu à courir cette distance dérisoire.

À ce moment-là, j'avais le choix : soit je pouvais me qualifier de « bon à rien » et me juger en conséquence, ou je pouvais prendre conscience que c'était juste un point de départ : « Sois cool avec toi, Miguel. Tu en es là pour l'instant, et tu es parfait comme tu es. » Mon but, avec un peu d'entraînement, était de parvenir à courir sur dix kilomètres sans m'arrêter d'ici le mois de mai.

Alors, sans me domestiquer ni me soumettre à un amour conditionnel, je me suis mis à courir régulièrement. Avant la fin avril, j'avais atteint mon but ! Et j'y prenais grand plaisir. Mais comme toute personne prise par son travail, sa famille et le reste, je me suis laissé distraire, et ma pratique du jogging en a fait les frais.

Quelques semaines plus tard, quand j'ai pu me remettre à courir, je m'attendais à pouvoir faire mes dix kilomètres sans m'arrêter, puisque j'y étais arrivé récemment. Mais je n'ai tenu que trois kilomètres et demi ! À ce moment-là, j'ai senti la déception monter et la voix de mon juge intérieur qui criait : « Mais qu'est-ce qui t'arrive ? Comment se fait-il que tu ne sois même plus capable de courir sur dix kilomètres ? »

Aussitôt, mon mental en a rendu responsables les circonstances extérieures et diverses personnes, tandis que je me surprenais à m'en vouloir de ne pas avoir été capable d'atteindre mon objectif. J'avais la tête pleine de jugements du style : « Espèce de bon à rien ! ». Mais sitôt que j'ai entendu mes narrateurs me dire cela, ma conscience est revenue : j'ai réalisé que ma bonne vieille domestication tentait de reprendre le dessus, en m'imposant de nouvelles conditions.

Si j'avais poursuivi dans cette direction, à me juger de la sorte, j'aurais mis le masque de « Miguel, le bon joggeur » sur un piédestal et j'en aurais fait mon nouveau modèle d'autodomestication. Dès lors, il m'aurait fallu courir sur dix kilomètres tous les jours, juste pour être digne de m'accepter, et je me serais estimé imparfait tant que je n'aurais pas atteint mon but. Du coup, ma motivation en aurait été corrompue et j'aurais transformé la noble idée d'améliorer ma santé par la course en un nouvel outil pour me domestiquer.

Comme pour toute tentative d'atteindre la perfection avec ce genre de motivation, l'ego n'est jamais satisfait très longtemps. Si j'avais réussi à parcourir ces dix kilomètres, cela n'aurait rapidement plus été suffisant. Ensuite, je serai passé à quinze, puis à vingt kilomètres, et d'ici peu, il m'aurait fallu courir un marathon pour m'estimer vraiment parfait !

Cet exemple illustre comment l'habitude de se juger et de se domestiquer peut subtilement nous rattraper. En l'absence de conscience, nous nous forgeons inconsciemment des attentes quant à ce que nous estimons devoir être, sur la base des accords que nous avons conclus avec le Rêve de la Planète. Et pour chaque attente que nous échouons à satisfaire, nous nous jugeons en conséquence.

Soyons clairs : il n'y a aucun mal à avoir des buts. Ils nous servent de motivation, de points de focal, afin de parvenir à réaliser ce que nous désirons. Le problème, c'est d'utiliser ces buts comme prétextes à s'aimer ou à se rejeter ; c'est d'en faire des facteurs d'amour conditionnel. Dès lors, notre bonheur dépend de notre « succès ». Et comme un succès de ce genre n'existe que dans le futur et qu'on ne l'atteint pratiquement jamais, nous ne parvenons pas à apprécier qui nous sommes, là, dans l'instant. Nous passons tant de temps à imaginer l'avenir et à attendre que le bonheur se présente que nous en oublions de regarder autour de nous et de profiter de l'instant présent et de qui nous sommes maintenant. Et quand nous parvenons à atteindre un succès momentané de ce genre, nous vivons alors dans la peur constante d'en être privé.

Le jugement de soi est la racine de nos souffrances. Quand on se juge, on n'est pas capable de voir et d'apprécier ce que l'on est sur le moment, puisqu'on s'évalue constamment à l'aune de nos propres accords. On nous a conditionnés à croire que notre capacité à nous accepter dépendait de nos réalisations.

Quand nous atteignons nos buts, notre estime de soi en est boostée ; et quand nous échouons, nous avons une piètre opinion de nous-mêmes. Voilà comment la grande majorité des gens entrent en interaction les uns avec les autres, s'imposant mutuellement leurs croyances et s'assujettissant les uns aux croyances des autres.

C'est ainsi que l'illusion de l'amour conditionnel s'étend à tout le Rêve de la Planète. Lorsqu'on juge autrui, on le punit pour un accord qu'il n'a jamais conclu. Par le biais de notre jugement, nous tentons de le forcer à conclure l'accord que nous désirons, en lui imposant ainsi nos propres croyances.

Comment arrêter de juger les autres et soi-même ? En nous acceptant comme nous sommes, maintenant. Une fois que nous nous serons acceptés totalement, nous arrêterons de juger les autres. Vous ne pouvez pas donner à autrui ce que vous ne vous êtes pas accordé à vous-même.

C'est par la pratique de la conscience que l'on parvient à discerner la perfection qui existe en soi et chez les autres.

***

La plupart d'entre nous ont connu des moments de conscience incroyables, durant lesquels nous étions totalement là, en phase totale avec le cours de la vie. Mais malheureusement, ces expériences ne durent souvent pas. L'une des tâches les plus difficiles qui nous attendent est de préserver une telle conscience.

Par exemple, tel jour, vous avez un moment de clarté : vous voyez ce que vous avez créé dans votre vie, à coup de domestication et d'amour conditionnel, et vous prenez la décision de changer de manière de vivre. Vous entamez ce long processus nécessaire au rétablissement de la communion avec vous-même, en créant l'harmonie dans votre Rêve Personnel.

Vous alliez vos expériences personnelles en chemin à votre compréhension intellectuelle de la manifestation de votre conscience. Vous discernez le mécanisme de l'amour conditionnel et la manière dont il génère des souffrances dans votre vie et celle d'autrui, et vous commencez à lâcher prise et à pardonner. Les graines de l'amour inconditionnel se mettent à germer dans votre cœur et elles fleurissent quand vous vous dites : «Je suis digne de mon amour, simplement parce que je suis vivant.» Votre Rêve Personnel commence à s'imprégner de l'harmonie de l'amour inconditionnel.

Puis vous êtes distrait par le quotidien, vous commencez à oublier vos bonnes résolutions et vos prises de conscience, et votre attention passe de votre Rêve Personnel au Rêve de la Planète. Votre harmonie intérieure disparaît, à mesure que vous succombez aux illusions. Mais voilà que bientôt, vous avez un autre moment de clarté et que vous recommencez tout le processus, avec un peu plus de détermination – cette fois – et un peu plus d'expérience.

C'est ainsi que ça se passe pour la plupart d'entre nous, et nous devons nous rappeler que c'est l'entraînement qui conduit à la maîtrise.

Si nous cultivons la conscience, nous établissons l'harmonie dans notre Rêve Personnel, en interrompant la spirale descendante de la domestication et de l'amour conditionnel. Nous voyons le gouffre qui sépare le choix d'aimer les autres avec un amour conditionnel de celui de les aimer sans condition. À force d'entraînement, nous apprenons à nouveau à vivre avec compassion. Nous devenons capables de respecter les créations d'autrui et de comprendre qu'ils ne peuvent nouer de relation avec nous qu'à partir de leur propre perception, qui est elle-même déterminée par leur niveau d'attachement. Nous développons également la capacité à éprouver de la compassion et du respect pour nous-mêmes, dans nos interactions avec les autres.

Grâce à la conscience, nous réalisons que notre « non » est tout aussi puissant que notre « oui ». Nous ne laissons plus notre intention se soumettre à notre juge intérieur, et nous ne cédons pas davantage au besoin d'autrui de nous assujettir à ses intentions. Nous nous mettons à partager notre amour inconditionnel avec notre entourage, en comprenant que nous ne sommes responsables que de notre intention à nous, et non de celle des autres. Nous participons à égalité à la création de notre Rêve commun.

Dans la tradition toltèque, le terme de *folie contrôlée* représente l'art de garder sa conscience, tout en participant à l'illusion du Rêve de la Planète. Pour y parvenir, nous pratiquons la compassion et le respect comme des actes d'amour inconditionnel envers soi-même et les autres. C'est l'art de la folie contrôlée qui nous permet de continuer de vivre dans un environnement où le bruit et l'agitation de la vie peuvent nous tirailler dans toutes les directions. Cet art-là correspond à la maîtrise de la vie dans le Rêve de la Planète, en cultivant la conscience au quotidien. Comme une pierre restée sous l'eau des années qui reste intérieurement sèche, la folie contrôlée consiste à faire partie de l'écosystème, sans pour autant le laisser empiéter sur nous.

L'être que je suis maintenant est parfait ! Pourquoi ? Simplement parce que j'existe à ce point-là de ma vie. Que je sois ou non capable de courir sur trois kilomètres, un kilomètre et demi ou pas du tout, j'apprécie qui je suis, simplement parce que j'existe. Si je fais le choix de courir sur dix kilomètres, voire de faire un marathon, c'est parce que je le *veux*, et non parce que je le *dois*.

Que j'atteigne ou non l'objectif que je me suis fixé, je suis toujours heureux d'être moi-même, tout en faisant de mon mieux pour aller au bout de mon intention.

Vivre en conscience, c'est savoir que vous pouvez toujours choisir comment vous manifestez votre intention, c'est savoir qu'à tout instant vous pouvez pivoter et réorienter votre foi, pour avoir confiance en vous en tant qu'expression de l'amour. Vous pouvez développer votre conscience grâce à toutes les belles traditions qui existent dans le monde, en choisissant celle qui résonne le plus en vous.

« Toltèque » est un terme nahuatl, qui signifie « artiste ». Dans toutes les traditions, le monde est rempli d'artistes. C'est notre intention qui rend ces traditions toutes vibrantes de vie. Que votre cœur chante dans le langage qu'il connaît ; qu'il danse avec le chant qui exprime le rythme de votre cœur et que l'amour s'exprime à travers chaque parcelle de votre corps. C'est vous l'artiste qui savez comment exprimer votre amour dans le monde. Ce monde, c'est votre canevas vierge. Et votre intention est l'instrument grâce auquel vous réaliserez votre grand chef-d'œuvre, cette expression d'amour qui ne cesse d'évoluer.

« Vivre en conscience », c'est une idée, un symbole qui aide à se fixer l'intention de se forger une vie où nous prendrons plaisir à être qui nous sommes et à échanger avec ceux que nous aimons, pour créer ensemble un Rêve collectif d'harmonie, de respect et de compassion. C'est ainsi que s'exprime l'amour inconditionnel. L'amour est un équilibre parfait entre générosité et gratitude, et, grâce à la conscience, vous pouvez choisir de vivre dans une telle harmonie.

Remerciements

Avec tout mon amour, je tiens à honorer tous ceux qui m'ont instruit, Madré Sarita et Don Miguel Ruiz, ainsi que mon frère qui partage cette tradition avec moi avec tendresse : Don José Ruiz. À ma ravissante femme Susan, à mes merveilleux enfants Alejandro et Audrey, à *mi mama* Coco, à mon frère Leo, à ma Mama Gaya, à mes sœurs Jules, Jennifer et Kimberly-Jeanne, et à mon frère Ramakrishna (Trey) : merci pour votre sagesse et pour tout l'amour que nous partageons les uns avec les autres. Je vous aime.

Je tiens à exprimer ma gratitude à Randy Davila, dont l'amour et la passion m'ont aidé à partager la tradition orale de ma famille, en publiant mes livres. À Allison Jacob, Heather Ash Amara, Janet Mills, Carol Killman Rosenberg, Kristie Macris, Susie Pitzen, Adrian Morgan, Jane Hagaman, Tania Seymour, Be Engler, Jill

Mangino, et à toute l'équipe de Hierophant Publishing, qui m'a aidé à concrétiser ce beau livre, merci pour tout votre travail, votre talent et vos incroyables contributions qui ont donné vie à cet ouvrage.

Merci au Créateur pour l'inspiration qui remplit ces pages d'amour.

À propos de l'auteur

À l'âge de 14 ans, Don Miguel Ruiz Jr. est entré en apprentissage auprès de son père Don Miguel et de sa grand-mère, Mère Sarita. Dès ce jeune âge, il s'est retrouvé à servir d'interprète espagnol-anglais pour les prières, les conférences et les ateliers de Mère Sarita. C'est ainsi que par la répétition et la révision constante, il a assimilé ses enseignements dans les deux langues. À force de traduire les propos de Mère Sarita, Don Miguel Jr. a fini par comprendre la puissance de la foi. Il a pu être le témoin privilégié de la manière dont sa grand-mère manifestait son intention de guérir les gens, tant physiquement que spirituellement.

L'apprentissage de Don Miguel Jr. a duré dix ans. Quand il a atteint l'âge de 25 ans, son père a intensifié sa formation. Au summum de ce voyage de pouvoir, Don Miguel a dit à son fils aîné : « Trouve le moyen de te libérer. Rentre chez toi et maîtrise la mort en devenant vivant. »

Au cours des six dernières années, Don Miguel Jr. a mis en pratique les leçons apprises auprès de son père et de sa grand-mère pour définir sa propre liberté et en jouir, tout en atteignant un état de paix avec l'ensemble de la création. En parvenant à appliquer ces enseignements au monde qui l'entourait, il a acquis une nouvelle compréhension des leçons de son père et de sa grand-mère et a éprouvé le désir de transmettre cette tradition à son tour. Après quelques décennies de formation, il était enfin prêt à partager tout ce qu'il avait appris.

Don Miguel Jr. est marié et il a deux jeunes enfants. En tant que *nagual* de la tradition toltèque, il aide désormais les autres à atteindre une santé physique et spirituelle optimale, afin qu'ils puissent conquérir leur propre liberté.

www.miguelruizjr.com

Table des matières

Composition : Soft Office (38)

Achevé d'imprimer en octobre 2014
sur les presses de la Nouvelle Imprimerie Laballery
58500 Clamecy

Dépôt légal : octobre 2014
Numéro d'impression : 410006

Imprimé en France

La Nouvelle Imprimerie Laballery est titulaire de la marque Imprim'Vert®